MUSÉE IMPÉRIAL

DU LUXEMBOURG.

PRIX : 1 FRANC.

NOTICE

DES

PEINTURES, SCULPTURES,

GRAVURES ET LITHOGRAPHIES

DE L'ÉCOLE MODERNE DE FRANCE,

EXPOSÉES DANS LES GALERIES

DU

MUSÉE IMPÉRIAL DU LUXEMBOURG,

PAR

FRÉDÉRIC VILLOT,

CONSERVATEUR DES PEINTURES.

SIXIÈME ÉDITION.

PARIS,

VINCHON, IMPRIMEUR DES MUSÉES IMPÉRIAUX

RUE J.-J. ROUSSEAU, 8.

1854

Monsieur le Directeur général,

J'ai l'honneur de soumettre à votre approbation la Notice, que vous m'avez chargé de rédiger, des ouvrages des artistes modernes exposés dans le Musée du Luxembourg.

Cette Notice comprend :

1o Une introduction, ou histoire abrégée des différentes expositions qui ont eu lieu au palais du Luxembourg ;

2o Une bibliographie des notices ou catalogues de ces expositions, depuis 1750 jusqu'en 1852 ;

3o La description des peintures qui décorent la galerie et les salles du Musée ;

4o Les noms des artistes, le lieu de leur naissance ; les dates des prix, médailles, récompenses, distinctions honorifiques qu'ils ont obtenus ;

5o La description des ouvrages, telle qu'elle a été donnée par les artistes eux-mêmes ; leurs dimensions, celles des figures des tableaux d'histoire ou de genre, ainsi que des sculptures ; l'année où ils ont été exposés ou exécutés ;

6o La table alphabétique des artistes dont le Musée renferme des ouvrages.

Après avoir pris connaissance de ce travail, veuillez, je vous prie, Monsieur le Directeur, en autoriser l'impression.

Recevez, Monsieur le Directeur général, l'assurance de ma haute considération et de mon dévouement.

5 Avril 1852.

Le Conservateur des peintures,
F. VILLOT.

Approuvé :

Le Directeur général des Musées impériaux,
NIEUWERKERKE.

AVERTISSEMENT.

Le Musée du Luxembourg ne renfermait jusqu'à présent que des tableaux et des sculptures. La gravure, qui a rendu populaires, par des reproductions savantes et fidèles, les peintures les plus célèbres ; la lithographie, qui depuis plusieurs années s'est montrée, sous le crayon de nos habiles dessinateurs, sa digne émule, n'avaient point encore pris place dans nos musées. La direction générale a pensé qu'il était temps de réparer une pareille injustice : depuis le mois de mars 1852 de nouvelles salles ont été disposées pour recevoir les ouvrages de nos graveurs et de nos lithographes. Les arts du dessin sont donc maintenant complètement représentés au Luxembourg, et désormais on pourra, sans sortir de ce palais, se faire une juste idée de l'état de l'école française moderne.

INTRODUCTION.

Notre but, dans cette introduction, n'a point été d'écrire une histoire abrégée du palais du Luxembourg, construit pendant les années 1613 à 1620, par Jacques de Brosse, pour Marie de Médicis, régente, et décoré en 1621 par Rubens. Cette tâche a été remplie avec talent par plusieurs auteurs, connus de tous ceux qui s'intéressent aux destinées de nos monuments, et nous sommes forcé, ne pouvant disposer que de quelques pages, de renvoyer le lecteur aux ouvrages spéciaux qui donnent sur ce sujet tous les détails désirables. Laissant donc de côté la description de cet édifice et le récit des principaux événements dont il a été le théâtre, nous nous bornerons à faire l'historique des différentes expositions de peinture qui s'y succédèrent depuis le XVIIIe siècle jusqu'à nos jours.

Dans l'introduction de notre Notice des tableaux des écoles italiennes placés au Louvre, on a pu voir quelles difficultés et quelles lenteurs entravèrent l'exposition publique des peintures faisant partie des collections de la couronne. Un critique distingué, que nous avons eu plusieurs fois l'occasion de citer, et qui eut l'initiative des mesures les plus utiles aux études, les plus favorables à l'art, La Font de Saint-Yenne, écrivait dans des *Réflexions sur quelques causes de l'état présent de la peinture en France*, publiées en 1747, ces lignes que nous croyons devoir reproduire ici : « Le moïen que je propose pour l'avantage le plus prompt, et en même temps le plus efficace pour un rétablissement durable de la peinture, ce serait donc de choisir dans ce palais (le Louvre), ou quelqu'autre part aux environs, un lieu propre pour placer à demeure les innombrables chefs-d'œuvre des plus grands maîtres de l'Europe, et d'un prix infini, qui composent le Cabinet de Sa Majesté, entassés aujourd'hui et ensevelis dans de petites pièces mal éclairées et cachés dans la ville de Versailles, inconnus ou indifférents à la curiosité des étrangers par l'impossibilité de les voir. »

Ces réflexions judicieuses portèrent leurs fruits, et si le projet d'un musée au Louvre ne fut réalisé complétement que longtemps après les vœux exprimés par La Font de Saint-Yenne, le public, du moins, ne tarda pas à jouir de la vue de peintures dont il ignorait pour ainsi dire l'existence. Une partie des tableaux du Cabinet du roi fut exposée pour la première fois au Luxembourg le 14 octobre 1750. L'avertissement qui précède la Notice publiée alors nous apprend que : « Sa Majesté a permis qu'une partie de ces tableaux fût transportée à Paris pour décorer dans son palais du Luxembourg l'appartement qu'occupait ci-devant la reine d'Espagne, afin que les amateurs de la peinture et ceux qui cherchent à se perfectionner dans cet art si sublime puissent avoir la liberté de faire des remarques utiles sur les belles choses qui leur seront exposées. » L'avertissement est accompagné de cette note caractéristique : « Il en fut question dans l'année 1747, mais cela n'a pu s'arranger qu'en 1750. » Il est évident qu'on évita de reconnaître officiellement le mérite de l'initiative prise dans cette occasion par La Font de Saint-Yenne, qui, dans une deuxième édition de son livre publiée en 1752, établit de nouveau son droit d'inventeur dans une phrase élogieuse remplie de tact et de finesse : « De quelle reconnaissance le public n'est-il pas redevable envers M. de Tournehem d'avoir bien voulu *exécuter cette idée* et remplir les vœux de tout Paris et des étrangers en exposant les tableaux du Cabinet du roy dans le palais du Luxembourg, et arrangés dans un très bel ordre ! » Remarquons en passant que si M. de Tournehem eut le mérite d'exécuter l'idée du critique La Font, M. de Marigny, qui lui succéda, s'appropria à son tour le mérite d'avoir ordonné l'arrangement, ainsi qu'on le peut voir dans la préface du catalogue imprimé en 1761.

L'exposition des peintures au Luxembourg était divisée en deux parties :

L'une comprenait les 21 tableaux représentant l'histoire de Marie de Médicis, depuis sa naissance jusqu'à l'accommodement qui se fit à Angers entre elle et le roi Louis XIII, en 1620, chefs-d'œuvre exécutés par Rubens de 1621 à 1623, et qui occupaient encore leur emplacement primitif, c'est-à-dire la galerie située au premier étage de l'aile droite, détruite en partie et remaniée complétement pour l'établissement de l'escalier d'honneur construit par Chalgrin, lorsque le Sénat conservateur vint occuper le palais. La galerie de Rubens était ouverte les mêmes jours que le Cabinet du roi, placé dans une autre localité; et cette exhibition publique fut sans doute le salut de ces inestimables peintures livrées depuis longtemps à une *honteuse destruction*, ainsi que nous l'apprend encore La Font de Saint-Yenne : « Ils sont cependant, dit-il, du côté de la cour, presque détruits par la négligence des concierges, qui laissent les vitraux des croisées ouverts dans les jours les plus brûlants, et dévorer à l'ardeur du soleil depuis le midi jusqu'à ce qu'il soit entièrement couché, ces tableaux sans prix, ces beautés que toutes les richesses du souverain ne pourraient aujourd'hui remplacer; » et « il était temps, ajoute-t-il dans une note, d'arrêter un si grand dommage et de garantir ces tableaux d'un plus grand dépérissement. » (*Réflexions sur quelques causes de l'état présent de la peinture en France*, 1752, p. 233.)

La deuxième partie de l'exposition, formée de tableaux choisis dans le Cabinet du roi, était placée dans l'appartement de la reine d'Espagne, Louise-Élisabeth d'Orléans, fille du régent, qui, mariée à Louis Ier d'Espagne, fils aîné de Philippe V, revint en France en 1725, après la mort de son mari, et habita le Luxembourg depuis cette époque jusqu'en 1742, année où elle mourut. Outre l'appartement de la reine d'Espagne, les tableaux occupaient encore la grande galerie où l'on voit maintenant les ouvrages des artistes vivants, et qui était restée inachevée jusqu'en 1640. Cette galerie, parallèle à celle renfermant l'histoire de Marie de Médicis, devait être également décorée par Rubens, qui fut chargé d'y retracer les principaux événements de la vie du roi Louis XIII ; mais ce projet ne reçut qu'un commencement d'exécution. Quelques esquisses, la Bataille d'Ivry et le Triomphe d'Henri IV, compositions ébauchées et conservées à Florence, une Marie de Médicis sous les traits de la France couronnée par des génies, tableau terminé, qui fait l'ornement de la riche collection de M. L. Lacaze à Paris, tels sont, à peu près, les seuls ouvrages entrepris par l'illustre artiste pour l'histoire du grand roi.

L'arrangement de cette partie de l'exposition fut fait par Jacques Bailly, qui avait succédé à son père, Nicolas Bailly, dans l'emploi de garde des tableaux du roi (1). Le Cabinet du Luxembourg ouvrit ses portes pour la première fois au public le 14 octobre 1750. On y était admis jusqu'au mois d'octobre les mercredis et samedis, depuis dix heures du matin jusqu'à une heure après midi, et du mois de mai au mois d'octobre, les mêmes jours, mais de quatre heures après midi jusqu'à sept heures du soir. Parmi les 96 tableaux exposés, on admirait :—de RAPHAEL : *la Belle Jardinière*; *saint Georges combattant le dragon*; *le saint Michel*; — d'ANDRÉ DEL SARTE : *la Charité*, que Picault venait de transporter de bois sur toile par un procédé tout nouveau alors, et qui parut tellement extraordinaire qu'on plaça à côté de la peinture l'ancien panneau, afin de ne laisser aucun doute *sur un fait aussi intéressant pour les amateurs et pour les artistes* ; — de TITIEN : Jupiter et Antiope; saint Jérôme dans le désert; la Vierge, l'Enfant-Jésus, sainte Agnès et saint Jean; la Vierge au lapin; — de PAUL VÉRONÈSE : le Martyre de saint Georges (ce tableau ne figure plus sur les inventaires); Moïse sauvé des eaux (qui se trouve au Musée de Lyon); l'Adoration des mages (id.); la Vierge, l'Enfant-Jésus, saint Georges, sainte Catherine et un religieux de l'ordre de Saint-Benoît; — de CORRÈGE : Jupiter et Antiope; — de POUSSIN : les quatre Saisons; Moïse sauvé des eaux; la Peste; l'Enlèvement des Sabines; la Manne; le Triomphe de Flore; la Vierge au pilier; une Bacchanale; le Ravissement de saint Paul ; — de CLAUDE LORRAIN : un Soleil couchant; le Débarquement de Cléopâtre; un paysage; une marine; — de RUBENS : la Vierge aux anges (que le catalogue dit être les *saints Innocents*); la Kermesse; le Paysage à l'arc-en-ciel; — de CARAVAGE : le portrait d'Alophe de Vignacourt; — de VAN DYCK : le portrait d'une dame avec sa fille; le portrait d'un homme avec son fils; un portrait en buste;—de BERGHEM : deux paysages;—de REMBRANDT : Tobie et sa famille prosternés devant l'ange du Seigneur qui disparaît; — de WOUWERMAN : une femme en habit de chasse accompagnée de plusieurs cavaliers; une Écurie, — etc.

---

(1) Sylvain Bailly, qui joua un rôle si important au commencement de la révolution, était fils de Jacques Bailly, et devait également succéder à son père. On a imprimé de lui, en 1810, un volume in-8° intitulé : *Recueil de pièces intéressantes sur les arts, les sciences et la littérature*, ouvrage posthume.

Plusieurs dessins, dont quelques-uns de Raphaël, que les *amateurs verront avec plaisir*, concouraient à la beauté de la décoration des pièces, mais ne figurent pas au catalogue parce que l'on compte les changer de temps en temps. Une autre édition de cette même Notice fait observer qu'on n'a pas mis sur ces dessins de numéros ni les noms des auteurs, pour *laisser aux amateurs éclairés l'avantage de décider*.

Cette exposition, sans autres changements que l'addition de quelques tableaux et de quelques dessins, continua jusqu'au règne de Louis XVI; mais lorsque le Luxembourg, au mois de décembre 1779, fut donné en apanage par le roi à son frère Monsieur, comte de Provence, plus tard Louis XVIII, on enleva du palais non-seulement le Cabinet du roi, mais encore la galerie de Rubens, pour ne pas laisser une propriété de l'État dans un édifice devenu une possession particulière. Nous ne connaissons pas la date exacte de cette translation, mais elle était opérée longtemps avant 1787, ainsi que le prouve ce passage du *Guide des amateurs* de Thierry (t. II, p. 424), publié cette même année : « Il y avait autrefois dans la galerie qui règne sur l'aile droite de la cour 20 grands tableaux peints par Rubens, etc. Tous ces tableaux, ainsi que ceux de l'appartement qu'occupait la feue reine douairière d'Espagne, ont été retirés de ce palais depuis qu'il appartient à Monsieur, et doivent faire partie de la collection qui enrichira le *Museum du Louvre*. »

Quelque temps avant la révolution de 1789, M. d'Angiviller avait fait transporter tous les tableaux du Luxembourg au Louvre pour y être restaurés. Ils étaient en fort mauvais état, et restèrent empilés et cachés, à l'exception de quelques-uns qui plus tard furent exposés au Museum central décrété par l'Assemblée constituante.

Depuis fort longtemps le Luxembourg était tombé dans un état de dégradation qui exigeait d'importantes restaurations. Elles ne furent décidées cependant qu'au mois de brumaire an IV (octobre 1795), lorsque le Directoire exécutif prit possession de ce palais. Les travaux, poussés avec vigueur pendant les années VI et VII (1797, 1798), suspendus après les événements du 18 brumaire, ne reprirent que lorsque le Sénat conservateur succéda

INTRODUCTION.

au Directoire. Tous les changements opérés par l'architecte Chalgrin étaient terminés en 1804. Dès 1801, sur la demande des préteurs du Sénat, M. Chaptal, alors ministre de l'intérieur, arrêta, pour rendre au palais où siégeait la première autorité de l'État, une partie de sa splendeur, qu'un musée, dont la galerie de Rubens formerait le plus riche ornement, serait installé dans la galerie et dans les pièces nouvellement disposées.

En conséquence, le 5 germinal (26 mars), le 17 floréal (7 mai), le 3 thermidor an X (22 juillet 1802), le musée central livra pour le Luxembourg les tableaux de RUBENS ; — le Repas du pharisien ; le petit tableau de la Cène ; une Notre-Dame de pitié ; une petite Fille joignant les mains ; un Christ venant des chartreux, de PHILIPPE DE CHAMPAIGNE ; — l'Adoration des mages, de POUSSIN ; — les Pèlerins d'Emmaüs (dont le grand resta au Musée), de REMBRANDT ; — sainte Anne, la Vierge, sainte Catherine et saint Jean, tableau provenant du palais Pitti, de RAPHAEL ; — un paysage cintré de HERMAN d'Italie ; — une petite marine de VAN DEN VELDE ; — 2 tableaux formés de plusieurs panneaux en mauvais état, faisant partie du cloître des chartreux, représentant, l'un le plan de la chartreuse et une vue de Paris ; l'autre, dont il manque plusieurs parties, la Dédicace de l'Église, de LESUEUR ; — plus, dix-sept volets et trois parties qui couvraient les tableaux du cloître des chartreux. Enfin la collection s'accrut encore, le 3 nivôse an XI (24 décembre 1802), de la collection des ports de France de VERNET et de HUE, placés au ministère de la marine, et des tableaux de la Vie de saint Bruno, peints par Lesueur pour le cloître des chartreux, extraits du Musée de l'école française installé à Versailles.

A l'exception de quelques additions, telles qu'une Danaë de TITIEN, un paysage de RUÏSDAEL, une Halte d'ISAAC OSTADE, la Leçon de musique de TERBURG, le Musée du Luxembourg, ouvert en 1803, resta ainsi constitué jusqu'en 1815, époque où une ordonnance royale attribua ces diverses collections au domaine de la couronne, pour remplir dans le Musée du Louvre les lacunes existant par suite de l'enlèvement des tableaux que les puissances étrangères avaient repris.

Louis XVIII voulant, d'un autre côté, que le palais de la Chambre des pairs ne fût pas dépouillé de collections qui contribuaient à son importance, ordonna la formation dans le même local d'un musée consacré spécialement aux artistes nationaux vivants. Afin de réaliser ce projet, on choisit dans les résidences royales et dans les magasins du Louvre tout ce qu'on put trouver de remarquable de l'école française moderne pour remplir la nouvelle galerie.

Ce fut le 24 avril 1818 qu'elle s'ouvrit pour la première fois. Le catalogue nous apprend qu'elle renfermait alors 74 tableaux d'artistes vivants et 17 tableaux de différents maîtres anciens, qui furent retirés le 23 mars 1821, et transportés au Musée royal.

Cette collection, incomplète à son origine, acquit peu à peu une grande valeur par d'importantes additions. On y vit bientôt figurer, de David : la Mort de Socrate ; les Amours de Pâris et d'Hélène ; les Sabines ; le Léonidas, acheté au peintre alors en exil à Bruxelles ; — de Gros : les Pestiférés de Jaffa ; la Bataille d'Aboukir ; — de Gérard : la Psyché ; la Corinne ; obtenues d'abord à titre de prêt des propriétaires de ces tableaux ; — de Girodet : le Déluge, etc. — Enfin à la suite de chaque salon la liste civile et l'État se rendirent possesseurs des ouvrages jugés les plus remarquables, et il fut décidé que dix ans après la mort de leurs auteurs on choisirait parmi ces mêmes ouvrages les plus saillants pour leur donner un dernier et honorable asile dans les galeries du Louvre, où ils viendraient prendre place à côté de ceux de leurs illustres prédécesseurs et continuer l'histoire de l'art français.

BIBLIOGRAPHIE
DES
NOTICES DES PEINTURES ET SCULPTURES
EXPOSÉES AU MUSÉE DU LUXEMBOURG
DEPUIS 1750 JUSQU'EN 1852.

---

1. — Catalogue des tableaux du Cabinet du roy, au Luxembourg, dont l'arrangement a été ordonné, sous le bon plaisir de Sa Majesté, par M. de Tournehem, directeur général des bâtiments, jardins, arts et manufactures de S. M.; mis en ordre par les soins du sieur Bailly, garde des tableaux du roy. L'ouverture s'en fera le 14 octobre de la présente année, les mercredi et samedi de chaque semaine, depuis neuf heures du matin jusqu'à midi, jusqu'à la fin d'avril 1751, et depuis le premier may 1751 jusqu'au mois d'octobre suivant, on n'y entrera qu'à trois heures après midi jusqu'à six heures du soir. — A Paris, de l'imprimerie de Prault père, quai de Gèvres, au Paradis. — M. DCC. L. — Avec permission. — In-12 de 47 pages et 96 numéros, sans y compter la galerie de Rubens. — Le permis d'impression est du 11 octobre.

2. — Catalogue des tableaux du Cabinet du roy, au Luxembourg; quatrième édition, revue et corrigée. — Paris, de l'imprimerie de Prault père, quai de Gèvres, au Paradis. — M. DCC. LI. — In-12, 44 pages, vj pages d'avertissement, 96 numéros, non compris les 21 tableaux de Rubens. (Il est évident qu'il existe une 2ᵉ et une 3ᵉ éditions, que nous n'avons pas encore pu nous procurer.)

3. — Catalogue des tableaux du Cabinet du roy, au Luxembourg; nouvelle édition, revue, corrigée et augmentée de nouveaux tableaux. — A Paris, de l'imprimerie de Pierre-Alexandre Le Prieur,

imprimeur du roy, rue Saint-Jacques, à l'Olivier.—M. DCC. LXI. — Avec permission. — In-12 de 48 pages, vj pages d'avertissement, 109 numéros, sans compter la galerie de Rubens.

4. — Même titre. — In-12 de 48 pages et 110 numéros, formant 28 pages. — 1762.

5. — Catalogue des tableaux du Cabinet du roy, au Luxembourg; nouvelle édition, revue, corrigée et augmentée de nouveaux tableaux. — Paris, de l'imprimerie de Pierre-Alexandre Le Prieur, imprimeur du roy, rue Saint-Jacques, à l'Olivier.—1768.—In-12, 48 pages, sans compter l'avertissement de 4 pages; 110 numéros, non compris les 21 tableaux de la galerie de Rubens.

6. — Catalogue des tableaux du Cabinet du roy, au Luxembourg; nouvelle édition, revue, corrigée et augmentée de nouveaux tableaux. — A Paris, de l'imprimerie de Clousier, rue Saint-Jacques. — M. DCC. LXXIX.—Avec permission.—In-12 de 48 pages, 110 numéros.

7. — Explication des tableaux, statues, bustes, etc., composant la galerie du palais du Sénat, rétablie par ordre du Sénat conservateur. Elle comprend : la galerie de Rubens; le petit cloître des chartreux, de Lesueur; les ports de France, par Vernet, avec la suite par le cit. Hue. — Prix, 75 cent. — A Paris, de l'imprimerie de P. Didot l'aîné, imprimeur du Sénat, aux galeries du Louvre. An XI. — M. DCCC. III. — In-12, 62 pages, 109 numéros.

8. — Explication des tableaux, statues, bustes, etc., composant la galerie du Sénat conservateur, rétablie par ses ordres................ An XII. — M. DCCC. IV. — In-12 de 71 pages, 117 numéros. (Le numérotage est entièrement changé. — Il existe deux tirages : dans le premier, les pages 29 et 30 sont blanches, et ne renferment pas, comme dans le second, la description du tableau allégorique consacré à la mémoire de Lesueur.)

9. — Explication des tableaux, statues, bustes, etc., composant la galerie du Sénat conservateur, rétablie par ses ordres. Elle com-

prend : la galerie de Rubens; le petit cloître des chartreux, de Lesueur; les ports de France, par Vernet, avec la suite par M. Hue. — Prix, 75 cent.—Au profit de l'établissement.—A Paris, de l'imprimerie de P. Didot l'aîné, imprimeur du Sénat, rue du Pont-de-Lodi. — M. DCCC. VI. — In-12 de 74 pages, 120 numéros.

10. — Explication des tableaux, statues, bustes, etc., composant la galerie du Sénat conservateur, rétablie par ses ordres. Elle comprend : la galerie de Rubens; le petit cloître des chartreux, de Lesueur; les ports de France, par Vernet, avec la suite par M. Hue. — Prix, 75 cent. — Au profit de l'établissement. — A Paris, de l'imprimerie de P. Didot l'aîné, imprimeur du Sénat, rue du Pont-de-Lodi. — M. DCCC. XI. — In-12 de 72 pages, 121 numéros.

11. — Explication des tableaux, statues, bustes, etc., composant les galeries du palais de la Chambre des pairs de France. Elle comprend la galerie de Rubens; le petit cloître des chartreux, de Lesueur; les ports de France, par Vernet, avec la suite, par M. Hue, etc.— Prix, 75 cent. — Au profit de l'établissement. — A Paris, de l'imprimerie de P. Didot l'aîné, imprimeur de la Chambre des pairs de France, rue du Pont-de-Lodi, n° 6. — 1814.—In-12 de 72 pages, 121 numéros. (Cette notice est pareille à la précédente, mais porte l'écusson aux trois fleurs de lis.)

12. — Explication des tableaux, statues, bustes, etc., composant la galerie de la Chambre des pairs. Elle comprend la galerie de Rubens; le petit cloître des chartreux, de Lesueur; les ports de France, par Vernet, avec la suite par M. Hue. — Prix, 1 fr. — Au profit de l'établissement. — Paris, de l'imprimerie de P. Didot l'aîné, imprimeur du roi, rue du Pont-de-Lodi, n° 6. — 1815. — In-12, 75 pages, 101 numéros, y compris les sculptures.

13. — Explication des tableaux, statues, bustes, etc., composant la galerie de la Chambre des pairs. Elle comprend la galerie de

Rubens; le petit cloître des chartreux, de Lesueur; les ports de France, par Vernet, avec la suite par M. Hue. — Prix, 1 fr. — Au profit de l'établissement. — A Paris, de l'imprimerie de P. Didot l'aîné, imprimeur du roi, rue du Pont-de-Lodi, n° 6. — 1816. — In-12 de 74 pages, 130 numéros.

14. — Explication des ouvrages de peinture et de sculpture de l'école moderne de France, exposés le 24 avril 1818 dans le Musée royal du Luxembourg, destiné aux artistes vivants. — Prix, 1 fr. — Au profit de l'établissement. — A Paris, de l'imprimerie de P. Didot l'aîné, chevalier de l'ordre royal de Saint-Michel, imprimeur du roi. — 1818. — In-12 de 88 pages, 112 numéros. (Les numéros 73 à 89 sont encore des tableaux anciens.)

15. — Même titre et même année, mais avec un faux-titre différent. Celui de la notice précédente porte : *Galerie royale du Luxembourg*; celui-ci, *Musée royal du Luxembourg*, dénomination conservée dans les notices suivantes. — In-12 de 87 pages, 115 numéros. (Les tableaux anciens occupent les numéros 75 à 91.)

16. — Même titre. — 1819. — In-12 de 87 pages, 115 numéros.

17. — Même titre. — 1820. — In-12 de 82 pages, 97 numéros. (C'est le premier livret où disparaissent les tableaux anciens.)

18. — Explication des ouvrages de peinture et de sculpture de l'école moderne de France, exposés le 25 août 1822 dans le Musée royal du Luxembourg, destiné aux artistes vivants. — Prix, 1 fr. — Au profit de l'établissement. — A Paris, de l'imprimerie de J. Didot l'aîné, rue du Pont-de-Lodi, n° 6. — 1822. — In-12 de 86 pages, 127 numéros.

19. — Explication des ouvrages de peinture et sculpture de l'école moderne de France, exposés le 25 mai 1823 dans le Musée royal du Luxembourg, destiné aux artistes vivants. — Prix, 1 fr. — Au profit de l'établissement. — A Paris, de l'imprimerie de J. Didot l'aîné, rue du Pont-de-Lodi, n° 6. — 1823. — In-12 de 84 pages, 140 numéros.

20. — Explication des ouvrages de peinture et de sculpture de l'école moderne de France, exposés depuis le 25 mai 1823 dans le Musée royal du Luxembourg, destiné aux artistes vivants. — Prix : 1 fr. — Au profit de l'établissement. — A Paris, imprimerie de J. Didot aîné, rue du Pont-de-Lodi, n° 6. — 1824. — In-12 de 84 pages, 140 numéros.

21. — Explication des ouvrages de peinture et sculpture de l'école moderne de France, exposés depuis le 1ᵉʳ mars 1825 dans le Musée royal du Luxembourg, destiné aux artistes vivants. — Prix, 1 fr. — A Paris, imprimerie de J. Didot aîné, rue du Pont-de-Lodi, n° 6. — 1825. — In-12 de 87 pages, 157 numéros. (On fit dans la même année une nouvelle édition de cette notice, avec le même titre, quoique différant de la première. Cette deuxième édition a 78 pages et 158 numéros.)

22. — Même titre. — 1827. — In-12 de 75 pages et 160 numéros.

23. — Explication des ouvrages de peinture et de sculpture de l'école royale de France dans le Musée royal du Luxembourg, destiné aux artistes vivants. — Prix, 1 fr. — Paris, imprimerie de Jules Didot l'aîné, rue du Pont-de-Lodi, n° 6. — Juin 1828. — In-12 de 72 pages et 148 numéros (en comptant le dernier ouvrage non numéroté).

24. — Même titre avec la date. — 1ᵉʳ novembre 1828. — In-12 de 78 pages et 147 numéros.

25. — Même titre. — 1ᵉʳ novembre 1829. — In-12 de 75 pages, 145 numéros.

26. — Même titre. — 1ᵉʳ mai 1830. — In-12 de 75 pages et 148 numéros.

27. — Explication des ouvrages de peinture et de sculpture de l'école moderne de France, exposés dans le Musée royal du Luxembourg, destiné aux artistes vivants. — Prix, 1 fr. — Paris, Vinchon, fils et successeur de Mᵐᵉ veuve Ballard, imprimeur des Musées royaux,

rue J.-J. Rousseau, n° 8. — Mai 1831. — In-12 de 64 pages, 134 numéros. — C'est le premier livret sur le titre duquel apparaît en fleuron la charte de 1830.

28. — Même titre. — Octobre 1831. — In-12 de 66 pages et 158 numéros (nouvelle édition). — C'est le premier livret dans lequel on ait ajouté à la suite de chaque ouvrage l'année du salon où il a été exposé.

29. — Même titre. — 1833. — In-12 de 72 pages et 180 numéros.

30. — Même titre. — 1834. — In-12 de 68 pages et 170 numéros.

31. — Même titre. — 1836. — In-12 de 70 pages et 173 numéros.

32. — Même titre. — 1836. — In-12 de 72 pages et 175 numéros.

33. — Même titre. — 1839. — In-12 de 75 pages, 175 numéros, et un supplément de 176 à 182.

34. — Même titre. — 1840. — In-8° de 48 pages et 176 numéros. — C'est la première notice où la charte de 1830 disparaît du titre; elle commence la série de celles tirées in-8°, en beaux caractères et sur beau papier. Depuis cette époque il n'y a plus, à proprement parler, de nouvelles éditions, mais des tirages successifs avec des suppléments.

35. — Même titre. — 1840. — In-8° de 48 pages et 176 numéros; plus, un supplément de 6 pages, comprenant les n°⁸ 177 à 195.

36. — Même titre. — 1844. — In-8° de 56 pages, 176 numéros, et un supplément de 177 à 205.

37. — Même titre. — 1845. — In-8° identique au précédent.

38. — Même titre. — 1851. — 64 pages, 207 numéros, avec un supplément comprenant les n°⁸ 193 à 207, et une table alphabétique des artistes dont les ouvrages sont exposés.

DÉCORATION

DE LA GALERIE ET DES SALLES

DU MUSÉE DU LUXEMBOURG.

GRANDE GALERIE.

PLAFOND.

Le tableau qui occupe le centre du plafond de la grande galerie représente le lever de l'Aurore ; il a été peint par Antoine-François Callet, né à Paris en 1741, grand prix de Rome en 1764, membre de l'ancienne Académie royale de peinture en 1780, mort à Paris le 5 octobre 1823.

L'Aurore, dans un char attelé par des chevaux ailés, paraît annoncer le dieu du soleil ; les vents légers la suivent en versant la rosée du matin. La Nuit fuit devant le flambeau du Jour en repliant son voile, où se cachent les Songes, ses enfants ; un d'entre eux répand ses pavots.

Les autres tableaux, au nombre de douze, qui sont placés dans la partie supérieure de la voûte, avant et après le tableau du milieu, représentent des figures allégoriques, ayant pour attributs les douze signes du Zodiaque. Ces tableaux sont de Jacques Jordaens, peintre flamand, élève de Rubens, né à Anvers en 1593, mort en 1678.

Premier tableau en entrant : *le signe de la Balance* (*Septembre*). — Une femme, couronnée de fruits, tient d'une main une corne d'abondance remplie de raisins et indique le mois des vendanges ; de l'autre, elle tient une balance, qui désigne qu'à cette époque l'équinoxe d'automne ramène l'égalité des jours et des nuits.

Deuxième tableau : *le Scorpion* (*Octobre*). — Bacchanale ou fête de Bacchus. Un jeune satyre porte sur ses épaules le vieux Silène pris de vin et tenant une grappe de raisins ; ils sont tous deux couronnés de pampres. Une bacchante les suit en jouant du tambour de basque. La bacchanale désigne que dans ce mois les vignerons se réjouissent et se délassent de leurs travaux en goûtant les nouveaux fruits de la vendange. Le scorpion, que l'on voit dans la bordure, fait allusion à la malignité des maladies causées par les vents humides, chargés de vapeurs dangereuses, qui se font sentir alors.

Troisième tableau : *le Sagittaire (Novembre)*. — Le centaure Nessus enlève Déjanire, femme d'Hercule, et traverse le fleuve Evène. Le centaure, armé de flèches, indique que ce mois, où la terre est couverte de frimas, est favorable à la chasse.

Quatrième tableau : *le Capricorne (Décembre)*. — La nymphe Adrastéa trait la chèvre Amalthée pour donner du lait à Jupiter enfant. On le voit près d'elle; il tient une coupe. La chèvre semble faire allusion au soleil, qui dans ce mois paraît toujours monter, ainsi que la chèvre sauvage qui se plaît à gravir les rochers escarpés.

Cinquième tableau : *le Verseau (Janvier)*. — Un jeune homme du milieu des nuages verse sur la terre des torrents d'eau; il désigne la saison des pluies.

Sixième tableau : *les Poissons (Février)*. — Vénus Anadyomène et l'Amour armé de son arc, portés par des dauphins, se promènent sur les eaux que les vents agitent avec violence. Vénus et son fils sont occupés à retenir les légères draperies qui les couvrent. L'agitation de la mer et les poissons indiquent que ce mois est celui des grands vents et de la pêche.

Septième tableau : *le Bélier (Mars)*, mois où les arbres et les plantes bourgeonnent. — Mars, armé de pied en cap, tenant d'une main son épée, de l'autre secouant le flambeau de la guerre, descend du haut des rochers; un berger est près de lui qui joue de la cithare; un bélier le suit. Mars indique que ce mois est celui où les armées se mettent en campagne; le berger et le bélier, que le retour du printemps fait sortir les troupeaux des bergeries.

Huitième tableau : *le Taureau (Avril)*. — Jupiter sous la forme d'un taureau, la tête couronnée de fleurs, enlève la nymphe Europe. Le taureau marque la force que le soleil acquiert dans ce mois, et dont la chaleur fait fleurir les arbres et les plantes; premières espérances que donnent les travaux rustiques, dont le taureau est le symbole.

Neuvième tableau : *les Gémeaux (Mai)*. — Deux enfants conduisent un char; Vénus y est debout; son voile flotte au gré des zéphyrs; l'Amour, tenant une flèche, s'appuie sur sa mère; un des enfants attelés au char répand sur la terre des fleurs, charmes de cette belle saison. L'Amour et Vénus indiquent que dans cette saison toute la nature leur est soumise; les deux enfants représentent Castor et Pollux, qui, suivant la fable, furent changés en la constellation dite *les Gémeaux*. Lorsque le soleil entre dans ce signe, la chaleur redouble, les jours augmentent et l'herbe des prairies prend tout son accroissement.

DIXIÈME TABLEAU : *l'Écrevisse (Juin)*. — Phaéton, à qui le dieu du jour avait confié son char, s'étant trop approché de la terre, la brûlait et y causait de terribles ravages; Jupiter, pour y mettre fin, le foudroya et le précipita dans l'Éridan. On le voit ici au moment de sa chute. Parvenu au plus haut point de sa course, le soleil entre dans le signe de l'Écrevisse, et semble comme elle aller à reculons. Dans ce mois, les moissons mûries commencent à se faire.

ONZIÈME TABLEAU : *le Lion (Juillet)*. — Hercule, vainqueur du lion de Némée, dont il porte la dépouille, se repose sur sa massue; il tient dans sa main les pommes du jardin des Hespérides, dont il a fait la conquête; près de lui est un jeune homme assis qui tient une gerbe de blé. Le lion et la force sont l'emblème de la chaleur. Chez les anciens, le lion, habitant les climats brûlants, était consacré à Vulcain, dieu du feu. Le jeune homme tenant une gerbe de blé indique que les moissons sont achevées.

DOUZIÈME TABLEAU : *la Vierge (Août)*. — Cérès, la tête couronnée d'épis, tenant d'une main une faucille et de l'autre une gerbe de blé, est assise sur son char traîné par des serpents; le jeune Triptolême, inventeur de la charrue, est à ses côtés; il tient le flambeau dont Cérès s'éclairait pendant la nuit pour chercher Proserpine, sa fille, que Pluton lui avait enlevée. Cérès, déesse des moissons, bienfaitrice de la terre, après y avoir répandu tous ses dons et avoir ainsi rempli le cercle de l'année, remonte vers l'Olympe.

Les ornements qui décorent le plafond ont été exécutés d'après les dessins de Jean-François-Thérèse Chalgrin, alors architecte du Sénat, né à Paris en 1739, grand prix en 1758, membre de l'ancienne Académie royale d'architecture en 1770, de l'Institut en 1799, et mort le 20 janvier 1811.

BAS-RELIEF EN GRISAILLE AU-DESSUS DE LA PORTE D'ENTRÉE DE LA GRANDE GALERIE.

La Peinture élève un trophée à la gloire de Rubens, et le Génie y réunit les attributs de la poésie et du commerce; il tient le plan de la galerie des tableaux composant l'histoire de Marie de Médicis. Auprès du piédestal, sur lequel est placé le buste du peintre couronné par l'Immortalité, on voit une épée et un portefeuille orné d'un rameau d'olivier (allusion à la paix que Rubens, envoyé par Philippe IV, roi d'Espagne, en ambassade près de la cour d'Angleterre, parvint à faire signer à Charles Ier). Près de l'Immortalité, la Renommée offre à Rubens la palme de la gloire et remet sa trompette à l'Histoire, qui inscrit le nom de cet artiste au rang des peintres les plus célèbres.

BAS-RELIEF EN GRISAILLE AU-DESSUS DE LA PORTE D'ENTRÉE DE LA PETITE GALERIE.

Minerve couronne le buste de Lesueur, et le Génie de la peinture indique que cet artiste a terminé sa carrière à l'âge de trente-huit ans. La Renommée, qui est près de Minerve, publie la gloire de ce peintre, et l'Envie, terrassée, se traîne à ses pieds, fait de vains efforts pour arrêter le son de sa trompette; elle tient un tableau du cloître des chartreux, qu'elle vient de dégrader (1). Près du Génie de la peinture, on remarque la Philosophie et la Muse de l'histoire qui consacre l'immortalité de Lesueur.

Ces deux bas-reliefs ont été peints par Jean Naigeon, chevalier de la Légion-d'Honneur, ancien conservateur du Musée du Luxembourg, pour cette galerie, appelée *galerie de Lesueur* parce qu'en 1802 on y plaça les tableaux de la Vie de saint Bruno.

SALLES
SITUÉES A L'EXTRÉMITÉ DE LA TERRASSE.

Ces salles furent construites sur une partie de l'emplacement de l'ancienne galerie de Rubens. Elles furent ensuite occupées par la collection des ports de France de Joseph Vernet et de Hue.

PLAFOND.

Ce tableau, peint de 1800 à 1804 par Jean-Simon Berthelemy, né à Laon en 1743, grand prix de Rome en 1767,

---

(1) Cet épisode rappelle que des hommes jaloux de Lesueur tentèrent, après sa mort, d'affaiblir sa réputation en défigurant ses chefs-d'œuvre.

membre de l'Académie royale de peinture en 1781, et mort à Paris le 1er mars 1811, représente :

Le Génie victorieux de la France, appuyé sur un faisceau, symbole de la force et de l'union, révélant à Clio, muse de l'histoire, la gloire des Français et le retour de l'ordre. Il tient dans une main, qu'il élève, la figure de la Victoire, et de l'autre une branche d'olivier.

A la clarté de son flambeau, la Philosophie, assise sur un nuage, accompagnée de la Justice et de la Félicité publique, pose sur sa tête, d'un air de satisfaction, le cercle de l'immortalité. Tandis que Clio grave sur un bouclier de bronze les hauts faits des Français, qu'Euterpe les chante en s'accompagnant de sa lyre, que Caliope célèbre par ses vers héroïques les vertus et le courage des citoyens qui ont illustré la patrie, la Renommée, planant dans les airs, les publie à l'univers. Auprès de l'Histoire on remarque les bustes de J. Vernet et de J.-J. Rousseau. — Cette peinture est signée : *Berthelemy,* an VIII et an XII.

Dans la voussure de ce plafond, décoré d'après les dessins de Chalgrin, alors architecte du Sénat, sont quatre bas-reliefs dont Berthelemy donna les sujets. Ils ont été peints par Pierre-François Lesueur, né à Paris en 1757.

Le premier représente l'Agriculture :
Cincinnatus est occupé à labourer son champ au moment où le député du Sénat de Rome lui annonce sa nomination au consulat.

Le deuxième, l'Instruction publique :
Socrate, Platon et les autres philosophes d'Athènes expliquent à leurs disciples les éléments des sciences.

Le troisième, le Fruit des victoires :
Marcellus, général des Romains, après s'être rendu maître de Syracuse, fait enlever de cette ville les monuments des sciences et des arts pour les faire servir à l'instruction et à la gloire de sa patrie.

Le quatrième, le Commerce et l'Industrie :
Neptune et Minerve, suivis de l'Abondance, déposent sur un autel l'olivier de la paix, et Mercure encourage et fait fleurir le commerce en fournissant aux citoyens laborieux les matières qu'ils mettent en œuvre sous les yeux de la déesse de l'industrie.

EXPLICATION DES ABRÉVIATIONS

EMPLOYÉES DANS CETTE NOTICE.

H. — Hauteur.
L. — Largeur.
Fig. — Figure.
Gr. nat. — Grandeur naturelle.
Demi-nat. — Demi-nature.
Pet. nat. — Petite nature.
Plus gr. que nat. — Plus grande que nature.

NOTA. Presque tous les tableaux étant peints sur toile, on n'a désigné la matière que dans le cas où les peintures seraient exécutées sur bois.

Les mots : *Calcographie du Louvre*, placés à la suite de la description de gravures ou de lithographies, indiquent que ces estampes se vendent à l'établissement de la Calcographie impériale, au Musée du Louvre.

MUSÉE DU LUXEMBOURG.

PEINTURE.

ABEL DE PUJOL, *né à Valenciennes, grand prix de Rome en* 1811, *chevalier de la Légion-d'Honneur en* 1822, *membre de l'Institut en* 1835.

1. Sisyphe aux enfers.

H. 1, 57. — L. 1, 62. — Fig. gr. nat.

Fils d'Éole, il désolait l'Attique par ses brigandages, et fut tué par Thésée. Selon les poëtes, il était condamné à rouler continuellement une grosse pierre ronde du bas d'une montagne en haut, d'où elle retombait aussitôt.

(Salon de **1819**.)

2. Ixion dans le Tartare.

H. 1, 40. — L. 1, 60. — Fig. gr. nat.

Mercure, par ordre de Jupiter, a attaché Ixion à une roue entourée de serpents.

(Salon de **1824**.)

3. Les Propœtides changées en rochers par Vénus pour avoir soutenu qu'elle n'était pas déesse.

H. 1, 32. — L. 1, 84. — Fig. gr. nat.

Elles habitaient la ville d'Amathonte (dans l'île de Chypre), consacrée à Vénus.

ACHARD (JEAN), *né à Voreppe (Isère)*.

4. Paysage; environs de Grenoble.

H. 1, 50. — L. 2, 12.

(Salon de **1845**.)

ALAUX (JEAN), *né à Bordeaux, grand prix de Rome en* 1815, *chevalier de la Légion-d'Honneur en* 1828, *officier en* 1841, *directeur de l'Académie de France à Rome en* 1846, *membre de l'Institut en* 1851.

5. Scène du combat des Centaures et des Lapithes.

H. 2, 78. — L. 3, 22. — Fig. gr. nat.

(Salon de 1824.)

ALAUX et FRANQUE (JEAN-PIERRE), *né au Buis (Drôme), chevalier de la Légion-d'Honneur en* 1836.

6. La Justice veillant sur le repos du monde.

H. 3, 60. — L. 2, 60. — Fig. gr. nat.

Ce tableau avait été commandé pour les salles du Conseil d'Etat au Louvre.

(Salon de 1827.)

ALIGNY (CHARLES-FRANÇOIS-THÉODORE), *né à Chantenay (Nièvre), chevalier de la Légion-d'Honneur en* 1842.

7. Prométhée ; paysage.

H. 2, 00. — L. 2, 96.

Prométhée vient d'être attaché sur le Caucase ; un vautour lui déchire les entrailles ; une fille de l'air, retirée sous un laurier, en écarte quelques branches pour connaître la cause des cris que pousse le Titan, et plus loin des nymphes gémissent sur ses souffrances.

(Salon de 1837.)

ANDRÉ (JULES), *né à Paris.*

8. Paysage représentant les bords de la Bouzanne (Indre).

H. 1, 80. — L. 2, 30.

(Salon de 1850.)

ANTIGNA (ALEXANDRE), *né à Orléans (Loiret).*

9. Scène d'incendie.

H. 2, 65. — L. 2, 83. — Fig. gr. nat.

(Salon de 1850.)

PEINTURE.

BARRIAS (FÉLIX-JOSEPH), *né à Paris, grand prix de Rome en* 1844.

10. Les exilés de Tibère.

H. 2, 53. — L. 4, 16. — Fig. gr. nat.

Tibère, retiré à Caprée, se livrait à toutes sortes de turpitudes. Il ne se passait pas un seul jour, sans en excepter les jours de fêtes, qui ne fût marqué par des supplices. Il enveloppait dans la même condamnation les femmes et les enfants des accusés. On les transportait dans des îles où le feu et l'eau leur étaient interdits. (SUÉTONE, *Vie des Césars.*)

(Salon de 1850.)

BEAUME (JOSEPH), *né à Marseille, chevalier de la Légion-d'Honneur en* 1836.

11. Derniers moments de la grande-dauphine, belle-fille de Louis XIV, morte à Versailles, en 1690, après une longue maladie, suite de couches.

H. 1, 50. — L. 1, 78. — Fig. de 0, 67.

Madame la dauphine, se sentant à l'extrémité, envoie chercher madame de Maintenon, ses enfants, Louis de France, duc de Bourgogne, père de Louis XV, Philippe de France, duc d'Anjou, depuis roi d'Espagne, et Charles de France, duc de Berry, leur donne la bénédiction, et dit à Monseigneur le duc de Berry, en l'embrassant : C'est de bon cœur, quoique tu me coûtes la vie. (Tiré des archives de la Couronne.)

(Salon de 1834.)

12. Anne d'Autriche au monastère du Val-de-Grâce.

H. 1, 50. — L. 1, 78. — Fig. de 0, 67.

La reine aimait à s'y retirer avec celle de ses filles d'honneur qui avait sa confiance, parce qu'elle y était moins observée qu'à la cour. Elle fut accusée par le cardinal de Richelieu d'entretenir un commerce de lettres avec les ennemis de l'Etat. Le chancelier, accompagné de l'archevêque de Paris, se transporta par ordre du roi au Val-de-Grâce ; il fit ouvrir les portes du couvent, fouilla les armoires, examina les papiers qui s'y trouvaient; il interrogea les religieuses et même la reine, et osa la forcer à lui remettre une lettre qu'elle voulait cacher dans son sein. (*Histoire de Louis XIII.*)

(Salon de 1835.)

13. La sortie de l'église.
H. 0,92. — L. 0,76. — Fig. de 0,60.

(Salon de 1846.)

BELLANGÉ (HIPPOLYTE), *né à Paris, chevalier de la Légion-d'Honneur en* 1834.

14. Passage du Guadarrama, le 22 décembre 1808.
H. 1,62. — L. 2,32. — Fig. de 0,24.

« L'empereur donna sur-le-champ ordre à l'armée de partir dans le même jour, pour traverser la chaîne de montagnes qui sépare la province de Madrid de celle de Ségovie, en se dirigeant par le Guadarrama, c'est-à-dire la route de Madrid au palais et couvent de l'Escurial. L'empereur partit le lendemain matin, veille de Noël. Il faisait beau en partant, et le soleil nous accompagna jusqu'au pied de la montagne. Nous trouvâmes la route remplie d'une profonde colonne d'infanterie qui gravissait lentement cette montagne, assez élevée pour conserver de la neige jusqu'au mois de juin. Il y avait en avant de cette infanterie un convoi d'artillerie qui rétrogradait, parce qu'un ouragan de neige et de verglas, accompagné d'un vent effroyable, rendait le passage dangereux; il faisait obscur comme à la fin du jour. Les paysans espagnols nous disaient qu'il y avait à craindre d'être enseveli sous la neige, comme cela était arrivé quelquefois. Nous ne nous rappelions pas d'avoir eu aussi froid en Pologne. Cependant l'empereur était pressé de faire passer ce défilé à son armée, qui s'accumulait au pied de la montagne, où il n'y avait aucune provision. Il fit donner l'ordre qu'on le suivît, et qu'il allait lui-même se mettre à la tête de la colonne. Effectivement, il passa avec le régiment des chasseurs de sa garde à travers les rangs de l'infanterie; il fit ensuite former ce régiment en colonne serrée, occupant toute la largeur du chemin; puis, ayant fait mettre pied à terre aux chasseurs, il se plaça lui-même à pied derrière le premier peloton et fit commencer la marche. Les chasseurs marchaient à pied pêle-mêle avec leurs chevaux, dont la masse rendait l'ouragan nul pour ceux qui les suivaient, et en même temps ils foulaient la neige de manière à indiquer une trace bien marquée à l'infanterie.

« Il n'y avait que le peloton de la tête qui souffrait beaucoup. L'empereur était bien fatigué de marcher, mais il n'y avait aucune possibilité de se tenir à cheval. Je marchais à côté de lui; il prit mon bras pour s'aider, et le garda jusqu'au pied de la montagne de l'autre côté du Guadarrama. Il avait le projet d'aller ce soir jusqu'à Villa-Castin, mais il trouva tout le monde si épuisé et le froid si excessif qu'il arrêta à la maison de poste au pied de la montagne; elle se nomme Espinar. » (*Mémoires du duc de Rovigo.*)

(Salon de 1852.)

BERTIN (ÉDOUARD), *né à Paris, chevalier de la Légion-d'Honneur en* 1833.

15. Vue prise dans la forêt de Fontainebleau.

H. 1, 45. — L. 1, 94.

(Salon de 1831.)

BIARD (FRANÇOIS), *né à Lyon, chevalier de la Légion-d'Honneur en* 1838.

16. Le duc d'Orléans (depuis Louis-Philippe, roi des Français) descendant la grande cascade de l'Eyanpaikka sur le fleuve Muonio (Laponie), en septembre 1795.

H. 1, 32. — L. 1, 64. — Fig. de 0, 40.

(Salon de 1841.)

BLONDEL (MARIE-JOSEPH), *né à Paris, grand prix de Rome en* 1803, *chevalier de la Légion-d'Honneur en* 1825, *membre de l'Institut en* 1832.

17. Zénobie trouvée mourante sur les bords de l'Araxe.

H. 4, 10. — L. 3, 16. — Fig. plus gr. que nat.

Rhadamiste, roi d'Ibérie, chassé par les Arméniens, dont il avait tué le roi, fut accompagné dans sa fuite par Zénobie, sa femme, qui supporta quelque temps les fatigues du chemin, quoique incommodée d'une grossesse. Ses forces étant épuisées, elle pria son époux de lui donner la mort, pour qu'elle n'éprouvât pas une honteuse captivité. Ce prince, que l'amour détournait d'une action si étrange, l'exhortait à prendre courage; mais enfin, voyant qu'elle ne pouvait avancer, et vaincu par la crainte qu'elle ne devînt la proie de ses ennemis, il la perça d'un coup d'épée, et la jeta dans le fleuve pour que son corps ne tombât pas au pouvoir de ses persécuteurs. Cependant les eaux baissèrent et la déposèrent sur le sable, où elle fut trouvée par des pasteurs; ils la rappelèrent à la vie, et la portèrent à la ville d'Artaxe, d'où elle fut conduite à Thiridate, roi d'Arménie, qui la reçut et la traita avec les égards dus à son rang.

Le moment que l'artiste a choisi est celui où des bergers ont trouvé Zénobie, et où l'un d'eux lui met la main sur le cœur et s'aperçoit qu'elle donne encore quelques signes de vie.

(Salon de 1812.)

BODINIER, *né à Angers.*

18. Une famille de paysans des environs de Gaëte (royaume de Naples).

H. 1, 92. — L. 2, 33. — Fig. gr. nat.

(Salon de 1827.)

BODMER (KARL), *né à Zurich (Suisse).*

19. Intérieur de forêt pendant l'hiver.

H. 0, 82. — L. 1, 01.

(Salon de 1850.)

BOULANGER (CLÉMENT), *né à Paris en* 1806, *mort le* 29 *septembre* 1842 *à Magnésie du Méandre (Asie-Mineure).*

20. Procession de la Gargouille.

H. 3, 23. — L. 2, 25. — Fig. de 0, 45.

Tous les ans, à la Saint-Romain, le clergé de Rouen usait d'un privilége qui consistait à donner la liberté à un ou plusieurs condamnés à la peine capitale. Le chapitre et toutes les confréries se rendaient en grande pompe à la tour Saint-Romain ; là, le condamné, après avoir reçu une exhortation, levait la châsse de saint Romain trois fois sur son épaule, cérémonie qui déterminait sa délivrance ; alors ses fers étaient échangés contre des guirlandes de fleurs, et, conduit par quatre jeunes filles, il était rendu à ses parents.

(Salon de 1837.)

BOUTON (CHARLES-MARIE), *né à Paris, chevalier de la Légion-d'Honneur en* 1825.

21. Intérieur de la salle du XVe siècle au ci-devant Musée des Monuments français.

H. 1, 22. — L. 1, 05.

On y remarque le tombeau de Louis XII.

(Salon de 1814.)

PEINTURE.

BRASCASSAT (JACQUES-RAYMOND), *né à Bordeaux, chevalier de la Légion-d'Honneur en* 1837, *membre de l'Institut en* 1846.

22. Paysage et animaux.

H. 0, 96. — L. 1, 30.

(Salon de 1845.)

BRUNE (ADOLPHE), *né à Paris, chevalier de la Légion-d'Honneur.*

23. Caïn tuant son frère Abel.

H. 3, 52. — L. 2, 50. — Fig. plus gr. que nat.

(Salon de 1846.)

BRUYÈRE (Mme), née ÉLISE LEBARBIER, *morte à Paris en* 1842.

24. Des fleurs.

H. 1, 20. — L. 0, 90.

(Salon de 1836.)

CABAT (LOUIS), *né à Paris, chevalier de la Légion-d'Honneur en* 1843.

25. L'étang de Ville-d'Avray.

H. 0, 73. — L. 1, 13.

(Salon de 1834.)

CAMINADE (ALEXANDRE-FRANÇOIS), *né à Paris, chevalier de la Légion-d'Honneur en* 1833.

26. La mort de la Vierge.

H. 1, 44. — L. 2, 46. — Fig. demi-nat.

(Salon de 1841.)

CHAMPMARTIN (CHARLES-ÉMILE), *né à Bourges, chevalier de la Légion-d'Honneur.*

27. Romulus et Rémus allaités par la louve.

H. 1, 26. — L. 0, 98. — Fig. gr. nat.

(Salon de 1842.)

28. « Laissez venir à moi les petits enfants. »
H. 2, 74. — L. 1. 78. — Fig. gr. nat.
(Salon de 1844.)

COGNIET (LÉON), *né à Paris, grand prix de Rome en* 1817, *chevalier de la Légion-d'Honneur en* 1828, *officier en* 1846, *membre de l'Institut en* 1849.

29. Marius à Carthage.
H. 3, 10. — L. 4, 20. — Fig. gr. nat.

L'envoyé du préteur Sextilius ayant signifié à Marius proscrit l'ordre de se retirer de l'Afrique, celui-ci lui répondit : Tu diras à Sextilius que tu as vu Caïus Marius, banni de son pays, assis sur les ruines de Carthage.
(Salon de 1824.)

30. Numa consultant la nymphe Égérie.
H. 3, 60. — L. 2, 90. — Fig. plus gr. que nat.

Ce tableau avait été commandé pour les salles du Conseil d'Etat au Louvre.
(Salon de 1827.)

COLIN (ALEXANDRE), *né à Paris.*

31. Christophe Colomb.
H. 2, 92. — L. 2, 11. — Fig. gr. nat.

« Vogue, intrépide voyageur ! Laisse la raillerie et les dédains te poursuivre, et le bras fatigué du pilote tomber du gouvernail. Va toujours, toujours vers l'ouest ; c'est là que la terre doit apparaître. Ne se reflète-t-elle pas déjà clairement dans ton intelligence ? Confie-toi à Dieu qui te guide et au silencieux Océan. Cette terre n'existât-elle pas encore, elle surgirait soudain du sein des flots ; car la nature est éternellement soumise au génie : ce que celui-ci promet, elle le tient toujours. » (SCHILLER, *Poésies.*)
(Salon de 1846.)

COUDER (LOUIS-CHARLES-AUGUSTE), *né à Paris, chevalier de la Légion-d'Honneur, membre de l'Institut en* 1839, *officier de la Légion-d'Honneur en* 1841.

32. Le lévite d'Ephraïm.
H. 3, 60. — L. 2, 95. — Fig. plus gr. que nat.

Un lévite de la tribu de Juda s'était uni en secret avec une jeune fille de Bethléem, au mépris de la loi qui le lui défendait. Il avait emmené sa compagne dans les montagnes d'Ephraïm, où il faisait sa résidence ; mais celle-ci l'ayant quitté pour retourner dans sa famille, le lévite l'alla chercher et la redemanda à son père, qui lui permit de la reprendre. Après de touchants adieux, les jeunes époux partent ensemble, et s'arrêtent à Gabaa, ville de la tribu de Benjamin, ennemie de la tribu du lévite, parce qu'elle adorait le vrai Dieu. Aucun des habitants ne veut leur donner un asile ; cependant un vieillard les reçoit dans sa maison ; ils comptaient y passer la nuit, lorsqu'une troupe de forcenés viennent demander à grands cris qu'on leur livre le lévite. Son hôte, pour sauver le ministre du Seigneur, offre de leur amener sa fille. Sa proposition n'est point écoutée ; alors le lévite livre à ces brigands sa compagne bien-aimée, qui succombe bientôt victime de leur rage et de leur brutalité. Les approches du jour ayant dispersé ces barbares, l'infortunée se traîne jusqu'au logis du vieillard ; elle tombe à la porte, la face contre terre et les bras étendus sur le seuil, lorsque le lévite, prêt à sortir, trouve dans cet état une épouse qu'il a pleurée toute la nuit. Les cris qu'il élève jusqu'au ciel annoncent son désespoir. Cependant il engage cette malheureuse à se lever, elle ne répond point ; il la regarde, la touche ; elle n'était plus. Alors il emporte son corps dans sa maison, le coupe en morceaux, qu'il envoie aux douze tribus. Tout Israël s'assemble, le lévite demande vengeance, et une armée marche contre les Benjaminites, auteurs de ce forfait. Ils sont vaincus ; la ville de Gabaa devient la proie des flammes et la tribu de Benjamin périt sous l'épée d'Israël.

Le peintre a choisi le moment où le lévite retrouve son épouse expirante ; le jour commence à paraître ; on aperçoit, dans le fond du tableau, les coupables Benjaminites qui se retirent.

Ce tableau, exposé au salon de 1817, a partagé le prix avec le saint Etienne de M. Abel de Pujol.

COURT (JOSEPH-DÉSIRÉ), *né à Rouen, grand prix de Rome en* 1821, *chevalier de la Légion-d'Honneur en* 1838.

33. La mort de César.

H. 4, 30. — L. 5, 22. — Fig. plus gr. que nat.

Marc-Antoine fait apporter sur la tribune aux harangues le corps de César assassiné dans le Sénat, et excite le peuple romain contre les meurtriers en lui montrant la tunique ensanglantée du dictateur. On remarque, sur le devant, Brutus et Cassius.

(Salon de 1827.)

COUTURE (THOMAS), *né à Senlis, chevalier de la Légion-d'Honneur en* 1848.

34. Les Romains de la décadence.

H. 4, 60. — L. 7, 70. — Fig. gr. nat.

« .... *Sævior armis, luxuria incubuit, victumque ulciscitur orbem.* » (JUVÉNAL, satire VI.)

« .... Plus cruel que la guerre, le vice s'est abattu sur Rome, et venge l'univers vaincu. »

(Salon de 1847.)

DAGNAN (ISIDORE), *né à Marseille, chevalier de la Légion-d'Honneur en* 1836.

35. Marine; environs de Marseille.

H. 0, 88. — L. 1, 32.

(Salon de 1833.)

DASSY, *né à Marseille.*

36. La Charité.

H. 2, 00. — L. 1. 48. — Fig. gr. nat.

(Salon de 1833.)

DAUZATS (ADRIEN), *né à Bordeaux, chevalier de la Légion-d'Honneur en* 1837.

37. Le couvent de Sainte-Catherine au mont Sinaï, fondé en 527 par l'empereur Justinien.

H. 1, 30. — L. 1, 04.

Les catholiques en furent expulsés à la fin du XVIe siècle par les chrétiens grecs. Ce couvent renferme environ soixante moines et trois cents domestiques; il n'y a pas de porte; les moines ont pris cette précaution, quelque inconvénient qu'elle présentât, afin d'être toujours à l'abri d'une surprise. Les voyageurs y sont introduits par une fenêtre abritée par un auvent, au moyen d'une corde qu'on leur envoie avec un bâton au bout, ou une petite caisse.

(Salon de 1845.)

DEBAY (AUGUSTE-HYACINTHE), *né à Nantes, grand prix de Rome en* **1823**.

38. Lucrèce portée sur la place publique de Collatie.

   H. 4, 22. — L. 5, 86. — Fig. plus gr. que nat.

              (Salon de 1831.)

DEHODENCQ (ALFRED), *né à Paris*.

39. Course de taureaux en Espagne.

   H. 1, 50. — L. 2, 08. — Fig. de 0, 45.

              (Salon de 1850.)

DELACROIX (EUGÈNE), *né à Charenton, chevalier de la Légion-d'Honneur en* **1830**, *officier en* **1846**.

40. Dante et Virgile, conduits par Plégias, traversent le lac qui entoure la ville infernale de Dité.

   H. 1, 80. — L. 2, 40. — Fig. demi-nat.

   Des coupables s'attachent à la barque ou s'efforcent d'y entrer. Dante reconnaît parmi eux des Florentins.

              (Salon de 1822.)

41. Scène des massacres de Scio.

   H. 4. 22. — L. 3, 52. — Fig. gr. nat.

   Des familles grecques attendent la mort ou l'esclavage.

              (Salon de 1824.)

42. Femmes d'Alger dans leur appartement.

   H. 1, 77. — L. 2, 27. — Fig. gr. nat.

              (Salon de 1834.)

43. Noce juive dans le Maroc.

   H. 1, 04. — L. 1, 40. — Fig. de 0, 43.

   Les Maures et les Juifs sont confondus. La mariée est enfermée dans les appartements intérieurs, tandis qu'on se réjouit dans le reste de la maison. Des Maures de distinction donnent de l'argent pour des musiciens qui jouent de leurs instruments et chantent sans discontinuer le jour et la nuit; les femmes sont les seules qui prennent part à la danse, ce qu'elles font tour à tour et aux applaudissements de l'assemblée.

              (Salon de 1841.)

DELAROCHE (PAUL), *né à Paris, chevalier de la Légion-d'Honneur en* 1828, *membre de l'Institut en* 1832, *officier de la Légion-d'Honneur en* 1834.

44. Joas dérobé du milieu des morts par Josabeth, sa tante.

H. 3, 60. — L. 2, 61. — Fig. plus gr. que nat.

« Je me figure encor sa nourrice éperdue,
« Qui devant ses bourreaux s'était jetée en vain,
« Et, faible, le tenait renversé sur son sein;
« Je le pris tout sanglant, » etc.

(Salon de 1822.)

45. Mort d'Élisabeth, reine d'Angleterre, en 1603.

H. 3, 34. — L. 4, 14. — Fig. plus gr. que nat.

Élisabeth donna une bague à son favori, le comte d'Essex, à son retour de l'heureuse expédition de Cadix, en lui ordonnant de la garder comme un gage de sa tendresse, et en l'assurant que, dans quelque disgrâce qu'il pût tomber, s'il la représentait alors à ses yeux, elle serait favorable à sa justification. Lorsqu'il se vit jugé et condamné, il confia cet anneau à la comtesse de Nottingham, en la priant de le remettre à la reine. Le comte de Nottingham, ennemi déclaré du duc d'Essex, exigea de sa femme qu'elle n'exécutât point la commission dont elle s'était chargée. Elisabeth, qui attendait toujours que son favori lui rappellerait ses promesses par ce dernier moyen, pour l'émouvoir en sa faveur, fut décidée enfin, par le ressentiment et la politique, à signer l'ordre de l'exécution. La comtesse de Nottingham tomba malade, et sentant approcher sa fin, les remords d'une si grande infidélité la troublèrent : elle supplia la reine de venir la voir, et lui révéla ce fatal secret en implorant sa clémence. Elisabeth, saisie de surprise et de fureur, traita la mourante comtesse avec l'emportement le plus extrême, s'écriant que Dieu pouvait lui pardonner, mais qu'elle ne lui pardonnerait jamais. Elle sortit avec la rage dans le cœur, et s'abandonna dès ce moment à la plus profonde mélancolie ; elle rejeta toute espèce de consolation, et refusa même de prendre des aliments ; elle se jeta par terre, y resta immobile, nourrissant ses regrets des réflexions les plus cruelles, et déclara que la vie n'était plus pour elle qu'un fardeau insupportable. Des cris étouffés, des gémissements, des soupirs, furent le seul langage qu'elle se permit. Elle passa ainsi dix jours et dix nuits étendue sur son tapis et appuyée sur des coussins que ses femmes lui apportèrent ; ses médecins ne purent lui persuader de se mettre au lit, et encore moins d'essayer les secours de leur art. Sa fin parut prochaine. Le conseil s'assembla et députa le chancelier, l'amiral et le secrétaire d'Etat à cette reine, pour savoir ses intentions sur le choix de son successeur. Elle répondit, d'une voix défaillante, qu'ayant porté le sceptre des rois, elle voulait qu'un roi lui succédât. Cécil la pressa de s'expliquer plus positivement : « Un roi me succédera, répliqua-t-elle, et ce ne peut être que mon plus proche parent, le roi d'Ecosse. » L'archevêque de Canterbury l'exhorta ensuite à tourner ses pensées vers Dieu : «C'est ce que je fais, et mon âme cherche à s'unir à lui pour jamais. » Peu de temps après, sa voix s'éteignit, ses sens s'affaiblirent, elle tomba dans un assoupissement léthargique qui dura quelques heures, et elle expira doucement, sans aucun signe violent d'agonie, dans la soixante-dixième année de son âge et la quarante-cinquième de son règne.

On remarque le lord garde-du-sceau, le lord amiral, l'archevêque de Canterbury et le secrétaire d'Etat Cécil, qui est à genoux devant la reine.

(Salon de 1827.)

46. Édouard V, roi mineur d'Angleterre, et Richard, duc d'York, son frère puîné.

H. 1, 78. — L. 2, 14. — Fig. gr. nat.

Ces deux princes, enfermés dans la tour de Londres, furent étouffés par les ordres de Richard III, leur oncle, usurpateur de leurs droits.

(Salon de 1831.)

DELORME (PIERRE-CLAUDE-FRANÇOIS), *né à Paris, chevalier de la Légion-d'Honneur en* 1841.

47. Céphale enlevé par l'Amour.

H. 2, 17. — L. 1, 53. — Fig. gr. nat.

(Salon de 1822.)

48. Hector reproche à Pâris sa lâcheté.

H. 2, 74. — L. 3, 58. — Fig. gr. nat.

Honteux et vivement piqué des reproches de son frère, Pâris se lève précipitamment, laisse tomber sa lyre, et s'élançant vers ses armes, il arrache de son front les fleurs dont Hélène l'a couronné.

(Salon de 1827.)

49. Sapho récite à Phaon l'ode qu'elle vient de composer.

H. 1, 14. — L. 1, 46. — Fig. demi-nat.

« Heureux qui, près de toi, pour toi seule soupire,
« Qui jouit du plaisir de t'entendre parler,
« Qui te voit quelquefois doucement lui sourire!
« Les dieux dans son bonheur peuvent-ils l'égaler? »

(Salon de 1833.)

DESNOS (Mme LOUISE).

50. Le denier de la veuve.

H. 1, 64. — L. 1, 44. — Fig. de 0, 75.

« Jésus étant assis vis-à-vis du tronc, prenait garde de quelle manière le peuple y jetait de l'argent; et plusieurs riches y en mettaient beaucoup.

« Il vint aussi une pauvre veuve, qui y mit seulement deux petites pièces qui faisaient le quart d'un sou.

« Alors Jésus ayant appelé ses disciples, leur dit : Je vous dis en vérité que cette pauvre veuve a plus donné que tous ceux qui ont mis dans le tronc.

« 44. Car tous les autres ont donné de leur abondance; mais celle-ci a donné de son indigence même, tout ce qu'elle avait, ce qui lui restait pour vivre. » (*Évangile* selon saint Marc, chap. XII.)

(Salon de 1840.)

DEVÉRIA (EUGÈNE), *né à Paris, chevalier de la Légion-d'Honneur en* 1838.

51. La naissance de Henri IV.

H. 4, 84. — L. 3, 92. — Fig. plus gr. que nat.

Henri d'Albret, après avoir frotté les lèvres de l'enfant avec de l'ail et lui avoir fait boire du vin de Jurançon, le présenta au peuple, et lui demanda comment il s'appellerait; on répondit d'une voix unanime : HENRI, comme son grand-père.

(Salon de 1827.)

DROLLING (MICHEL-MARTIN), *né à Paris en* 1786, *grand prix de Rome en* 1810, *chevalier de la Légion-d'Honneur en* 1825, *membre de l'Institut en* 1833, *mort le 9 janvier* 1851.

52. La séparation d'Hécube et de Polixène.
>H. 3, 12. — L. 3, 85. — Fig. gr. nat.

>Ulysse arrache Polixène des bras de sa mère Hécube, qui cherche en vain à la retenir. Il entraîne cette princesse à l'autel, où les Grecs vont l'immoler aux mânes d'Achille.
>
>(Salon de 1824.)

DUBOIS (FRANÇOIS), *né à Paris, grand prix de Rome en* 1819.

53. Le jeune Clovis trouvé mort par un pêcheur sur les bords de la Marne.
>H. 2, 72. — L. 2, 14. — Fig. gr. nat.
>
>(Salon de 1822.)

DUBUFE (CLAUDE-MARIE), *né à Paris, chevalier de la Légion-d'Honneur en* 1837.

54. Apollon et Cyparisse.
>H. 1, 88. — L. 2. 27. — Fig. gr. nat.

>Cyparisse ayant tué par mégarde un jeune cerf qu'il élevait avec beaucoup de soin, en eut tant de regrets qu'il voulut se tuer. Apollon, touché de la douleur de ce jeune homme, en eut pitié, et le métamorphosa en cyprès.
>
>(Salon de 1822.)

DUBUFE (ÉDOUARD), *né à Paris.*

55. La prière du matin.
>H. 1, 30. — L. 1, 40. — Fig. gr. nat.

>Scène de famille au xve siècle.
>
>(Salon de 1844.)

FAUVELET (JEAN), *né à Bordeaux.*

56. Ascanio, ciseleur florentin du xvie siècle, élève et ami de Benvenuto Cellini.
>H. 0, 22. — L. 0, 16. — Fig. de 0, 16.
>
>(Salon de 1850.)

FLEURY (léon), *né à Paris, chevalier de la Légion-d'Honneur en* **1851.**

7. Vue du village de Cagnes, près d'Antibes (Var).

H. 0, 89. — L. 1, 37.

(Salon de 1845.)

FORESTIER (henri-joseph), *né à Saint-Domingue, grand prix de Rome en* **1813**, *chevalier de la Légion-d'Honneur en* **1832.**

58. Jésus-Christ guérissant un jeune homme possédé du démon.

H. 3, 17. — L. 2, 14. — Fig. gr. nat.

(Salon de 1827.)

FRAGONARD (alexandre-évariste), *né à Grasse (Var) en* **1780**, *chevalier de la Légion-d'Honneur en* **1822**, *mort à Paris le* **10** *novembre* **1850.**

59. Marie-Thérèse présentant son fils aux Hongrois.

H. 1, 85. — L. 2, 56. — Fig. demi-nat.

(Salon de 1822.)

GALIMARD (auguste), *né à Paris.*

60. L'Ode.

H. 0, 93. — L. 0, 60. — Buste gr. nat.

L'Ode, avec plus d'éclat et non moins d'énergie,
Elevant jusqu'au ciel son vol ambitieux,
Entretient dans ses vers commerce avec les dieux;
Aux athlètes dans Pise elle ouvre la barrière;
Chante un vainqueur poudreux au bout de la carrière;
. . . .
. . . .
Son style impétueux souvent marche au hasard;
Chez elle un beau désordre est un effet de l'art.

(Boileau, *Art poétique.*)

(Salon de 1846.)

PEINTURE. 17

GALLAIT (LOUIS), *né à Tournay (Belgique), chevalier de la Légion-d'Honneur en* 1841.

61. Job et ses amis.

H. 1, 85. — L. 2, 34. — Fig. gr. nat.

(Salon de 1836.)

GARNEREY (HIPPOLYTE), *né à Paris.*

62. Restes de l'église des Augustins à Rouen.

H. 0, 47. — L. 0, 38.

(Salon de 1835.)

GIGOUX (JEAN-FRANÇOIS), *né à Besançon, chevalier de la Légion-d'Honneur en* 1842.

63. Mort de Cléopâtre.

H. 2, 15. — L. 1, 96. — Fig. gr. nat.

(Salon de 1850.)

GIROUX (ANDRÉ), *né à Paris, grand prix de Rome en* 1825, *chevalier de la Légion-d'Honneur en* 1837.

64. Vue de la plaine de Grésivaudan, près Grenoble, prise des côtes de Sassenage; effet du matin.

H. 1, 02. — L. 1, 47.

(Salon de 1834.)

GLAIZE (AUGUSTE-BARTHÉLEMY), *né à Montpellier.*

65. Sainte Élisabeth de Hongrie.

H. 3, 86. — L. 2, 90. — Fig. gr. nat.

« Chassée de son palais après la mort du landgrave son époux, Elisabeth, entourée de ses enfants, s'en alla mendier son pain de porte en porte; mais Henri, son oncle, qui avait usurpé son trône, fit défendre qu'on l'accueillît, et elle ne put trouver un asile parmi les habitants. La pieuse reine, sans proférer un murmure, éleva son âme à Dieu, et lui rendit grâce de cette nouvelle épreuve. »

(Salon de 1844.)

GLEYRE (CHARLES), *né à Chevilly, canton de Vaud (Suisse).*

66. Le soir.

H. 1, 37. — L. 2, 40. — Fig. demi-nat.

(Salon de 1843.)

GOSSE (NICOLAS-LOUIS-FRANÇOIS), *né à Paris, chevalier de la Légion-d'Honneur en* 1828.

67. Saint Vincent de Paule convertit son maître.

H. 3, 36. — L. 2, 68. — Fig. gr. nat.

Saint Vincent de Paule, fait prisonnier par les Turcs, était depuis trois ans dans l'esclavage, lorsque la Providence permit qu'il passât au service d'un renégat provençal. Vincent parvint à l'intéresser par sa douceur et sa résignation. Il profita de cette circonstance pour ramener son maître infidèle à la foi qu'il avait abandonnée. Il eut le bonheur d'y réussir. Un jour que Vincent travaillait aux champs avec ses compagnons d'infortune, le renégat l'aborde avec respect : le repentir dans l'âme, il va tomber aux pieds de son esclave. Vincent le retient et implore pour lui le pardon céleste.

(Salon de 1824.)

GRANET (FRANÇOIS-MARIUS), *né à Aix (Bouches-du-Rhône), le 17 décembre 1775, chevalier de l'ordre de Saint-Michel, chevalier de la Légion-d'Honneur en 1819, membre de l'Institut en 1830, officier de la Légion-d'Honneur en 1833, mort à Aix le 21 novembre 1849.*

68. Vue intérieure de l'église du couvent de San-Benedetto, près Subiaco.

H. 1, 45. — L. 1, 80. — Fig. de 0, 24.

On voit un moine en prière, et ses disciples.

(Salon de 1819.)

69. Célébration de la messe à l'autel de Notre-Dame-de-Bon-Secours.

H. 2, 00. — L. 1, 55. — Fig. de 0, 67.

(Salon de 1846.)

GROS-CLAUDE (louis), *né à Locle, canton de Neufchâtel.*

70. Toast à la vendange de 1834.

H. 1, 50. — L. 1, 90. — Fig. gr. nat. à mi-corps.

(Salon de 1835.)

GUDIN (théodore), *né à Paris, chevalier de la Légion-d'Honneur en* 1828, *officier en* 1841.

71. Coup de vent du 7 janvier 1831 dans la rade d'Alger.

H. 2, 58. — L. 4, 18, — Fig. de 0, 40.

A neuf heures du matin, la frégate *la Syrène*, de 60 canons, était mouillée dans la rade d'Alger, entre les batteries du Môle et le cap Matifoux. Elle se disposait à faire voile pour la France ; deux chébecks chargés de troupes, commandés par le lieutenant-colonel Carcenac, étaient remorqués vers la frégate. Tout à coup un vent violent agita la mer, un courant fortement établi entraîna à la côte les chaloupes de remorque dont les rameurs faisaient d'inutiles efforts. Cependant la fureur de la mer allait toujours croissant ; le commandant de la frégate, M. Charmasson, éprouvant des craintes sérieuses pour les deux chébecks, réussit, non sans peine, à y faire parvenir de fortes amarres, à l'aide desquelles ils se halèrent jusque près de la frégate. La vague se soulevait avec tant de violence que plusieurs embarcations furent brisées en s'approchant de son bord. L'état de la mer devenait à chaque instant plus effrayant ; l'espoir d'un prochain naufrage attirait déjà vers le fort Matifoux des hordes de Bédouins ; aucun secours ne pouvait être porté aux deux chébecks ; le canon d'alarme se faisait entendre par intervalles, mais en vain ; la mer refoulait vers le port tout ce qui songeait à en sortir. Dans cette conjoncture critique, on ne pouvait songer qu'à préserver l'équipage de *la Syrène* et ses passagers des dangers qui les attendaient sur la côte, et pendant trois jours et deux nuits que dura cette tourmente, le général Clausel avait fait garder toute la côte par de l'infanterie et de la cavalerie pour recueillir les naufragés. De son côté, le commandant Charmasson ne quittait pas sa dunette ; continuellement il veillait sur le sort des deux chébecks, et plusieurs fois il réussit à leur faire passer des vivres. Pendant ce temps les chébecks et la frégate couraient les plus grands dangers, ils s'entrechoquaient à chaque instant ; *la Syrène* chassait sur ses ancres, rompait ses câbles, brisait sa grande vergue endommagée déjà par une bourrasque éprouvée sous Mahon, perdait son gouvernail, et, sans son câble en chaîne qui tint bon jusqu'au bout, elle eût été infailliblement se perdre à la côte. Le zèle et la constance du commandant de *la Syrène*, le dévouement de tous les officiers et marins sous ses ordres, parvinrent à conjurer ce malheur. Sur la fin du troisième jour la mer se calma, tous les passagers furent reçus à bord, et *la Syrène* mit à la voile pour Toulon, où elle arriva sur la fin de janvier, après une heureuse traversée.

(Salon de **1835**.)

GUÉ (JULIEN-MICHEL), *né à Saint-Domingue en* **1789**, *chevalier de la Légion-d'Honneur en* **1834**, *mort à Paris le* **13** *décembre* **1843**.

72. Le dernier soupir du Christ.

H. 1, 82. — L. 2, 62. — Fig. de 0, 45.

« Or, depuis la sixième heure du jour jusqu'à la neuvième, toute la terre fut couverte de ténèbres... Mais Jésus, jetant pour la seconde fois un grand cri, rendit l'esprit. En même temps le voile du temple se déchira en deux, depuis le haut jusqu'en bas; la terre trembla, les pierres se fendirent, les sépulcres s'ouvrirent, et plusieurs corps des saints, qui étaient dans le sommeil de la mort, ressuscitèrent.» (*Evangile* selon saint Mathieu, chap. XXVII.)

(Salon de **1840**.)

GUÉRIN (PAULIN), *né à Marseille, chevalier de la Légion-d'Honneur en* **1822**.

73. Caïn après le meurtre d'Abel.

H. 2, 90. — L. 3, 88. — Fig. gr. nat.

Caïn, fugitif, suivi de sa femme et de ses enfants, se trouve arrêté au bord d'un précipice. Le tonnerre qui éclate au-dessus de sa tête le remplit d'épouvante et réveille ses remords. Satan, qui l'a poussé au fratricide, s'attache à ses pas, sous la forme d'un serpent. La massue ensanglantée rappelle son crime; ses enfants pleurent dans les bras de leur mère, qui s'évanouit de fatigue et de douleur, en implorant la clémence divine.

(Salon de **1812**.)

74. Anchise et Vénus.

H. 2, 86. — L. 2, 50. — Fig. gr. nat.

Vénus, éprise d'amour pour Anchise, que sa beauté rendait semblable aux dieux, s'offre à ses regards dans une demeure retirée de l'Ida, sous les traits d'une jeune vierge, fille d'un roi de Phrygie, afin de ne pas le troubler par son éclat céleste. Elle lui raconte que Mercure vient de l'enlever à ses jeunes compagnes, et l'a transportée dans ce lieu, après lui avoir dit que, d'après un oracle, elle était destinée à devenir l'épouse d'Anchise. Cédant alors aux charmes de la déesse, Anchise l'accueille avec des transports d'amour, et la presse, au nom des immortels, de se rendre à ses vœux légitimes.

(Salon de 1822.)

HEBERT (ERNEST-ANTOINE-AUGUSTE), *né à Grenoble, grand prix de Rome en* 1839.

75. La Mal'aria.

H. 1, 35. — L. 1, 65. — Fig. de 0, 65.

Famille italienne fuyant la contagion.

(Salon de 1850.)

HEIM (FRANÇOIS-JOSEPH), *né à Belfort (Haut-Rhin), grand prix de Rome en* 1807, *chevalier de la Légion-d'Honneur en* 1825, *membre de l'Institut en* 1829.

76. Sujet tiré de l'*Histoire des Juifs*, par JOSÈPHE.

H. 3, 92. — L. 4, 60. — Fig. plus gr. que nat.

Sur la foi des faux prophètes, un nombre considérable d'hommes, de femmes et d'enfants s'étaient réfugiés dans une des cours du temple de Jérusalem, croyant être épargnés ; mais ils furent tous massacrés. Un Juif cherche à défendre sa femme et son enfant renversés par un soldat furieux, et foulés aux pieds de son cheval.

(Salon de 1824.)

HERSENT (Mme), née MAUDUIT.

77. Louis XIV bénissant son arrière-petit-fils.

H. 0, 95. — L. 1, 17. — Fig. de 0, 58.

Ce monarque, sachant qu'il n'avait plus que peu de jours à vivre, fait venir son arrière-petit-fils, qui doit bientôt lui succéder, et, après lui avoir adressé les plus sages exhortations, lui donne sa bénédiction. Madame de Maintenon soutient l'auguste vieillard, et madame la duchesse de Ventadour, gouvernante du jeune prince, l'approche de son bisaïeul.

(Salon de 1824.)

HESSE (ALEXANDRE-JEAN-BAPTISTE), *né à Paris, chevalier de la Légion-d'Honneur en* 1842.

78. Triomphe de Pisani.

H. 1, 70. — L. 2, 52. — Fig. de 0, 52.

« En 1379, Vittore Pisani, qui commandait la flotte vénitienne, ayant été défait par les Génois à la bataille de Pola, fut mis en prison par ordre du sénat de Venise; mais bientôt de nouveaux désastres éprouvés par la république, et l'approche des ennemis qui vinrent bloquer la ville, amenèrent une réaction en faveur de l'illustre prisonnier. Oubliant la dernière défaite de Pisani pour ne se rappeler que ses victoires, le peuple court à sa prison, brise ses fers et le porte en triomphe en demandant à marcher sous les ordres de son ancien chef. En entendant crier de tous côtés : *Vive Pisani!* il se retourne vers le peuple et lui dit : *De vrais Vénitiens ne doivent crier que vive saint Marc!* » (MARIN SANUTO, MICHELI et DARU, *Histoire de Venise.*)

(Salon de 1847.)

HESSE (NICOLAS-AUGUSTE), *né à Paris, grand prix de Rome en* 1818, *chevalier de la Légion-d'Honneur en* 1840.

79. Évanouissement de la Vierge.

H. 1, 17. — L. 0, 90. — Fig. demi-nat.

La Vierge, à la vue de son fils qui va disparaître dans le sépulcre, vaincue par la douleur, tombe évanouie dans les bras de Marie-Madeleine et de l'autre Marie.

(Salon de 1845.)

HUET (PAUL), *né à Paris, chevalier de la Légion-d'Honneur en* 1841.

80. Une soirée d'automne.

H. 0, 98. — L. 1, 63.

(Salon de 1835.)

HUSSON (Mme), veuve CHAUDET (JEANNE-ÉLISABETH GABIOU), *née à Paris en* 1767, *morte en* 1832.

81. Enfant endormi gardé par un chien.

H. 1, 13. — L. 1, 34. — Fig. gr. nat.

Acquis par la Chambre des pairs.

(Salon de 1801.)

INGRES (JEAN-AUGUSTIN), *né à Montauban, grand prix de Rome en* 1801, *chevalier de la Légion-d'Honneur, membre de l'Institut en* 1825, *officier de la Légion-d'Honneur en* 1833, *directeur de l'Académie de France à Rome en* 1834, *commandeur de la Légion-d'Honneur en* 1845.

82. Jésus-Christ donne à saint Pierre les clefs du paradis en présence des apôtres, et dit :

« XVIII. Et moi aussi je vous dis que vous êtes Pierre, et que sur cette pierre je bâtirai mon église, et les portes de l'enfer ne prévaudront point contre elle.

« XIX. Et je vous donnerai les clefs du royaume des cieux ; et tout ce que vous lierez sur la terre sera aussi lié dans les cieux. »

(*Évangile* selon saint Mathieu, chap. XVII.)

H. 2, 78. — L. 2, 15. — Fig. gr. nat.

(Peint à Rome en **1820**.)

83. Roger délivrant Angélique.

H. 1, 43. — L. 1, 90. — Fig. demi-nat.

Roger, monté sur un hippogriffe, plonge sa lance dans la gueule du monstre qui est sur le point de dévorer Angélique enchaînée à un rocher. (Sujet tiré de l'ARIOSTE.)

(Salon de **1819**.)

84. Chérubini ; portrait historique.

H. 1, 05. — L. 0, 94. — Buste gr. nat.

La muse de la musique étend sa main protectrice au-dessus de la tête du compositeur.

(Peint en **1842**.)

ISABEY (EUGÈNE), *né à Paris, chevalier de la Légion-d'Honneur en* 1832.

85. Embarquement de Ruyter et William de Witt.

H. 2, 20. — L. 3, 30. — Fig. de 0, 18.

(Salon de **1850**.)

JACOBBER, *né à Bliescastel (Bavière)*, *chevalier de la Légion-d'Honneur en* **1843**.

86. Fleurs et fruits.

H. 1, 00. — L. 0, 80.

(Salon de **1839**.)

JACQUAND (CLAUDIUS), *né à Lyon, chevalier de la Légion-d'Honneur en* **1839**.

87. Mort d'Adélaïde de Comminges.

H. 0, 90. — L. 1, 12. — Fig. de 0, 53.

Le comte et Adélaïde de Comminges avaient conçu l'un pour l'autre un ardent amour; mais des haines de famille furent un obstacle à leur union. Une fausse nouvelle de la mort d'Adélaïde détermina le comte de Comminges à se retirer dans un couvent de la Trappe. Trois ans après, le hasard conduisit Adélaïde dans cette retraite : au moment de la prière, elle reconnut la voix de son amant et prit la résolution de finir ses jours auprès de lui. Les austérités du cloître abrégèrent insensiblement ses jours, et ce ne fut qu'au moment de sa mort que son amant la reconnut.

(Salon de **1831**.)

88. Saint Bonaventure recevant les insignes du cardinalat.

H. 3, 27. — L. 2, 42. — Fig. plus gr. que nat.

Né en 1221 à Bagnarea, petite ville de Toscane, il fut sauvé d'une grave maladie par les prières de saint François, ce qui fut la cause que sa mère changea son nom de famille en celui de Bonaventure, et qu'il entra dans l'ordre de ce saint. Son mérite et sa vertu l'ayant élevé, à l'âge de 35 ans, à la dignité de général de cet ordre, il rétablit la discipline et la ferveur de la règle moins par son autorité que par son exemple, et il refusa l'archevêché d'York qui lui était offert par le pape Clément IV. Mais à la mort de ce pontife, les cardinaux ne pouvant s'accorder sur la nomination de son successeur, en laissèrent le choix à saint Bonaventure, s'engageant solennellement à la reconnaître quand ce serait lui-même. Il leur désigna Grégoire X. Celui-ci, dès son avénement, enjoignit à saint Bonaventure d'accepter le chapeau de cardinal et l'évêché d'Albano. Ce fut près de Florence, dans un couvent de l'ordre des Frères-Mineurs, que les nonces du pape lui portèrent ces insignes. Il était alors occupé à donner un exemple d'humilité à ses disciples, fort relâchés dans l'exercice de leur règle (il lavait la vaisselle du couvent). Il leur demanda de le laisser achever sa besogne; puis, obéissant aux ordres de Grégoire, il prit le chapeau et la crosse, et alla recevoir les nonces. Il mourut en 1274 à Lyon, archevêque de cette ville.

(Salon de 1852.)

JALABERT (CHARLES-FRANÇOIS), *né à Nimes.*

89. Virgile, Horace et Varius chez Mécène.

H. 2, 30. — L. 2, 88. — Fig. gr. nat.

Virgile lit ses *Géorgiques*.

(Salon de 1847.)

JEANRON (PHILIPPE-AUGUSTE), *né à Boulogne-sur-Mer.*

90. Les bergers; vue du port abandonné d'Ambleteuse, près Boulogne.

H. 1, 60. — L. 2, 17. — Fig. de 0, 21.

(Salon de 1850.)

JOLIVARD (ANDRÉ), *né au Mans en 1788, chevalier de la Légion-d'Honneur en 1836, mort à Paris en 1851.*

91. Vue prise en Bretagne.

H. 0, 89. — L. 1, 17.

(Salon de 1846.)

JOYANT (JULES), *né à Paris.*

92. L'église de Sainte-Marie-de-la-Salute, sur le grand canal, à Venise.

H. 1, 40. — L. 1, 90. — Fig. de 0, 15.

(Salon de 1850.)

JUSTIN-OUVRIÉ, *né à Paris.*

93. Vue du château et d'une partie de la ville de Pau, prise du parc.

H. 1, 30. — L. 1, 96.

(Salon de 1844.)

PEINTURE.

LA BOUÊRE (TANCRÈDE DE), *né à Angers, chevalier de la Légion-d'Honneur en* 1823.

94. Vue du palais de Karnak, à Thèbes.
H. 1, 00. — L. 1, 97.
(Salon de 1841.)

95. Campagne de Rome; la moisson.
H. 1, 35. — L. 2, 00.
(Salon de 1844.)

LAMBINET (ÉMILE), *né à Versailles.*

96. Plaine de Satory, près Versailles.
H. 0, 56. — L. 0, 38.
(Salon de 1849.)

LANCRENON (JOSEPH-FERDINAND), *né à Lods (Doubs).*

97. Une jeune fille vient trouver le fleuve Scamandre.
H. 2, 54. — L. 1, 94. — Fig. gr. nat.
(Salon de 1824.)

98. Alphée et Aréthuse. (*Métamorphoses d'Ovide.*)
H. 2, 54. — L. 1, 94. — Fig. gr. nat.
(Salon de 1831.)

LANDELLE (CHARLES), *né à Laval.*

99. Sainte Véronique.
H. 0, 94. — L. 0, 60. — Buste gr. nat.
(Salon de 1850.)

LANOUE (FÉLIX-HIPPOLYTE), *né à Versailles, grand prix de Rome en* 1841.

100. Tombeaux étrusques sur la voie Cassiène, aux environs de Népi (Etrurie).
H. 1, 62. — L. 2, 60.
(Salon de 1847.)

PEINTURE. 27

LAPITO (LOUIS-AUGUSTE), *né à Saint-Maur, près Paris, chevalier de la Légion-d'Honneur en* 1836.

101. Vue prise dans la forêt de Fontainebleau, lieu dit les *Quatre-Fils-Aymon*.

   H. 1, 07. — L. 1, 62.
            (Salon de 1846.)

LARIVIÈRE (CHARLES-PHILIPPE), *né à Paris, grand prix de Rome en* 1824, *chevalier de la Légion-d'Honneur en* 1836.

102. Peste à Rome, sous le pape Nicolas V.

   H. 4, 60. — L. 3, 75. — Fig. plus gr. que nat.
            (Salon de 1831.)

LEBLANC (ALEXANDRE), *né à Châteauneuf, chevalier de la Légion-d'Honneur en* 1840.

103. Intérieur du *Campo-Santo* de Pise.

   H. 0, 36. — L. 0, 47.
            (Salon de 1846.)

LEHMANN (CHARLES-ERNEST-RODOLPHE-HENRI), *né à Kiel (Holstein), chevalier de la Légion-d'Honneur en* 1846.

104. Désolation des Océanides au pied du roc où Prométhée est enchaîné.

      (ESCHYLE, *Prométhée enchaîné*.)

   H. 2, 55. — L. 1, 97. — Fig. demi-nat.
            (Salon de 1850.)

LELOIR (JEAN-BAPTISTE-AUGUSTE), *né à Paris*.

105. Homère.

   H. 1, 46. — L. 1, 97. — Fig. demi-nat.

  « Et si, dans le chemin, rapsode ingénieux,
  « Tu veux nous accorder tes chants dignes des cieux,
  « Nous dirons qu'Apollon, pour charmer les oreilles,
  « T'a lui-même dicté de si douces merveilles.
  . . . .
  . . . .

« Il poursuit, et déjà les antiques ombrages
« Mollement en cadence inclinent leurs feuillages;
« Et pâtres oubliant leur troupeau délaissé,
« Et voyageurs quittant leur chemin commencé,
« Couraient; il les entend, près de son jeune guide,
« L'un sur l'autre pressés, tendre une oreille avide. »

(ANDRÉ CHÉNIER.)

(Salon de **1841**.)

LEPOITTEVIN (EUGÈNE), *né à Paris, chevalier de la Légion-d'Honneur en* 1843.

106. Les naufragés.

H. 2, 26. — L. 3, 10. — Fig. pet. nat.

« Après trois jours de pénible navigation sur notre frêle radeau, affaiblis par les privations et les souffrances de toute nature, nous fûmes ramenés par les courants au lieu même de notre naufrage, où nous eûmes le malheur de trouver une grande quantité d'ours blancs qui vinrent nous attaquer. Notre situation devint alors plus critique que jamais; nous étions presque tous hors d'état de nous défendre. Que dirai-je?.... Ce fut la lutte de la faim contre la faim! »
(*Histoire des Naufrages, extrait du journal du bord.*)

(Salon de **1839**.)

107. Le berger et la mer.

(Fable de LA FONTAINE.)

H. 0. 90. — L. 1, 18. — Fig. de 0. 43.

(Salon de **1850**.)

MAUZAISSE (JEAN-BAPTISTE), *né à Corbeil en* 1784, *chevalier de la Légion-d'Honneur en* 1825, *mort à Paris le* 15 *novembre* 1844.

108. L'Arioste respecté par les brigands.

H. 1, 50. — L. 2, 14. — Fig. demi-nat.

Louis Arioste, nommé gouverneur de la Grafagnona, et parcourant le pays pour apaiser des troubles, est arrêté par une troupe de brigands et reconnu par l'un d'eux. Au seul nom de l'Arioste, tous se prosternent et se hâtent de rendre les objets volés ; ils expriment leur respect et leur admiration pour ce poëte célèbre.

(Salon de **1817**.)

109. Un groupe de Danaïdes.
H. 1, 57. — L. 1, 62. — Fig. gr. nat.

Danaüs, roi d'Argos, averti par un oracle que ses gendres le détrôneraient, ordonna à ses filles d'égorger leurs maris la première nuit de leurs noces. Hypermnestre seule sauva le sien, appelé Lyncée. Ses sœurs, en punition de leur cruauté, furent condamnées dans les enfers à jeter éternellement de l'eau dans un tonneau percé.

(Salon de 1819.)

MERCEY (FRÉDÉRIC BOURGEOIS DE), *né à Paris, chevalier de la Légion-d'Honneur.*

110. Lisière de forêt.
H. 0, 61. — L. 0, 95.

(Salon de 1839.)

MONVOISIN (RAYMOND), *né à Bordeaux.*

111. Sixte-Quint.
H. 4, 87. — L. 6, 96. — Fig. plus gr. que nat.

Le cardinal Montalte (depuis Sixte-Quint), aspirant au trône pontifical, avait, pendant quinze années, feint des infirmités pour obtenir les suffrages du conclave. Voyant plus de la moitié des voix pour lui et ne doutant plus de son élection, il se lève sans attendre la conclusion du scrutin, dont il atteste la validité, malgré l'observation du doyen, jette au milieu de la salle une béquille sur laquelle il s'appuyait toujours, se redresse et entonne le *Te Deum* d'une voix si forte et si éclatante, que toute la voûte de la chapelle en retentit.

(Salon de 1831.)

112. Jeanne, dite *la Loca* ou *la Folle*, reine de Castille.
H. 3, 58. — L. 1, 95. — Fig. gr. nat.

Déjà malheureuse de l'indifférence de son époux Philippe, archiduc d'Autriche, elle perdit la raison au moment même où il expira. Leur fils, qui fut connu plus tard sous le nom de Charles-Quint, ne manifesta, dit-on, aucune émotion en ce triste moment.

(Salon de 1834.)

113. L'escarpolette.
H. 1, 26. — L. 1, 02. — Fig. demi-nat.

(Salon de 1840.)

MOZIN (CHARLES-LOUIS), *né à Paris.*

114. Naufrage de la *Reliance*, bâtiment de la Compagnie des Indes, du port de 1,500 tonneaux, chargé de 27,000 caisses de thé, perdu sur un banc au large, à une lieue des côtes de Boulogne, le 13 novembre 1842.

H. 2, 18. — L. 3, 08.

« La mer était horrible, et le navire, qui lui présentait le travers, était secoué par elle avec tant de force, qu'au milieu de la lutte des éléments, on entendait la coque se briser à chaque secousse avec un bruit effrayant : les caisses de thé montaient une à une à la surface des flots, indiquant qu'une partie de la membrure était déjà enlevée. L'ordre fut donné de mettre la chaloupe à la mer, mais elle avait tellement souffert qu'il était impossible de s'en servir.... Une partie des matelots s'était réfugiée au milieu des restes de la mâture et des haubans, et des débris de toutes sortes qui étaient maintenus par la mer sous le vent du navire, etc.... Des 122 personnes composant l'équipage, 7 seulement échappèrent à la mort. » (Extrait du *Journal des Débats* du 26 décembre 1842.)

(Salon de 1843.)

MULLER (CHARLES-LOUIS), *né à Paris, chevalier de la Légion-d'Honneur en* 1849.

115. Lady Macbeth.

H. 2, 56. — L. 2, 72. — Fig. gr. nat.

(Entre lady Macbeth tenant un flambeau à la main.)

La femme de chambre. — Tenez, la voilà qui vient ! C'est bien là sa manière, et, sur ma vie ! elle est profondément endormie.

Le médecin. — Vous voyez, ses yeux sont ouverts.

La femme de chambre. — Oui ; mais le sens de la vue n'y est plus.

Le médecin. — Que fait-elle maintenant ? Voyez comme elle se frotte les mains.

La femme de chambre. — C'est une habitude qu'elle a d'imiter l'action d'une personne qui se lave les mains ; je le lui ai vu faire pendant un quart d'heure de suite.

Lady Macbeth. — Quoi! toujours cette tache! Va-t'en tache maudite! va-t'en, te dis-je; une, deux, il est temps. — Il fait noir en enfer! Mon époux! fi donc! un guerrier avoir peur! Que nous importe qu'on le sache quand nous serons tout-puissants!...... Mais qui eût pu croire qu'il y avait tant de sang dans ce vieillard?..... Toujours l'odeur du sang! Toute petite qu'est cette main, tous les parfums de l'Arabie ne pourront la désinfecter. Oh! oh! oh! lave tes mains, mets ta robe de chambre, ne sois point si pâle; je te le répète, Banquo est enterré; il ne peut sortir de sa tombe....

(SHAKSPEARE, *Macbeth*, acte v, scène 1re.)

(Salon de 1849.)

116. Appel des dernières victimes de la terreur.

H. 5, 05. — L. 8, 90. — Fig. gr. nat.

On remarque M.-C. Lepelletier, ex-princesse de Chimay; G. Montalembert, ex-marquis, capitaine au ci-devant régiment du roi; C.-F. Rougeot de Montcrif, garde-du-corps; P. Durand Puy de Vériune, ex-maître des comptes; M. Barkos, femme de Puy de Vériune; P.-F. Stainville, femme de Grimaldi Monaco, ex-princesse; J.-L.-M. Aucanne, ex-maître des comptes, ex-capitaine de cavalerie; André Chénier, homme de lettres; J.-A. Roucher, homme de lettres; Mme A. Leroy, actrice de la Comédie-Française; A.-M.-F. Piercourt, veuve de Narbonne Pelet, ex-comtesse; C.-J.-F. Manneville de Colbert de Maulvriers, ex-marquise; J.-F. Antié, dit Léonard, coiffeur de la reine; T. Meynier, ex-prêtre de l'Hôtel-Dieu de Paris; F.-A. Seguin, chimiste; F. Trenck, ex-baron; A. Leguay, capitaine au 23e régiment de chasseurs à cheval; C.-F.-J. Saint-Simon, ex-évêque d'Agde; Mme Sabine Viriville, femme de l'ex-comte de Périgord; F.-R.-R. Bessejouls de Roquelaure, ex-marquis. (Voir au *Moniteur* du 7 au 9 thermidor.)

(Salon de 1850.)

ODIER (ÉDOUARD-ALEXANDRE), *né à Rambourg, chevalier de la Légion-d'Honneur en* 1846.

117. Épisode de Moscou.

H. 2, 58. — L. 1, 96. — Fig. gr. nat.

Un dragon de la garde impériale, épuisé par ses blessures, s'achemine péniblement, s'appuyant sur son cheval.

(Salon de 1833.)

118. La messe pendant la moisson, dans la campagne de Rome.

H. 3, 30. — L. 2, 84. — Fig. gr. nat.

(Salon de **1844**.)

PENGUILLY L'HARIDON (OCTAVE), *né à Paris.*

119. Halte de cavaliers flamands par une matinée d'hiver.

H. 0, 47. — L. 0, 56. — Fig. de 0, 11.

(Salon de **1850**.)

PHILIPPOTEAUX (FÉLIX), *né à Paris, chevalier de la Légion-d'Honneur en* 1846.

120. Louis XV visitant le champ de bataille de Fontenoy (mai 1745).

H. 1, 95. — L. 3, 10. — Fig. demi-nat.

(Salon de **1840**.)

PILLIARD (JACQUES).

121. Évanouissement de la Vierge.

H. 0, 96. — L. 1, 25. — Fig. demi-nat.

(Salon de **1843**.)

RÉGNIER (AUGUSTE), *né à Paris, chevalier de la Légion-d'Honneur en* 1837.

122. Une forêt solitaire.

H. 1, 07. — L. 1, 62.

Un daim s'approche d'un ruisseau.

(Salon de **1834**.)

RÉMOND (CHARLES), *né à Paris, grand prix de Rome en* 1821, *chevalier de la Légion-d'Honneur en* 1834.

123. Orphée tué par les Bacchantes; paysage.

H. 1, 44. — L. 1, 95.

(Salon de **1824**.)

124. Vue des Alpes à Crévola.
>H. 1, 12. — L. 1, 60.
>(Salon de 1835.)

RENOUX (CHARLES-CAÜS), *né à Paris en* 1795, *chevalier de la Légion-d'Honneur en* 1838, *mort le* 15 *mars* 1846.

125. Henri d'Albret reçu chanoine du chapitre d'Auch.
>H. 2, 18. — L. 2, 58. — Fig. de 0, 44.

> « Le 31 décembre de l'an 1527, Henri Ier, roi de Navarre, comte d'Armagnac, et sa femme Marguerite de France, furent reçus dans la ville d'Auch, en grande pompe, par le clergé et le peuple. Le lendemain ils vinrent prendre place dans le chœur de l'église cathédrale de Sainte-Marie, où les syndics et chanoines du chapitre procédèrent à la réception du roi. On lui offrit la prébende, le pain et le vin; on le revêtit du surplis de chanoine de Saint-Augustin, et on lui mit l'aumusse au bras. Puis le syndic le conduisit processionnellement à la stalle dans laquelle avaient coutume de s'asseoir ses prédécesseurs, et où le roi entendit la messe en grande dévotion. » (Extrait des preuves de généalogie de la maison de Montesquiou-Fesenzac.)
>(Salon de 1838.)

RIOULT (LOUIS-ÉDOUARD), *né à Montdidier.*

126. Deux jeunes baigneuses.
>H. 1, 46. — L. 1, 14. — Fig. gr. nat.

> Elles jouent au bord d'un ruisseau.
>(Salon de 1833.)

ROBERT-FLEURY (JOSEPH-NICOLAS), *chevalier de la Légion-d'Honneur en* 1836, *officier en* 1849, *membre de l'Institut en* 1850.

127. Scène de la Saint-Barthélemy.
>H. 1, 62. — L. 1, 30. — Fig. demi-nat.

> Brion, gouverneur du prince de Conti, est massacré dans les bras de son élève.
>(Salon de 1833.)

128. Colloque de Poissy en 1561.
>H. 0, 92. — L. 1, 30. — Fig. de 0, 48.

> Cette conférence, dont le but était d'apaiser les différends entre les protestants et les catholiques, eut lieu en pré-

sence de Catherine de Médicis et du jeune roi Charles IX. Théodore de Bèze porta la parole pour les protestants.

(Salon de 1840.)

129. Jane Shore.

H. 2, 03. — L. 1, 50. — Fig. gr. nat.

Condamnée comme sorcière et adultère, elle est poursuivie dans les rues de Londres et insultée par la populace.

(Salon de 1850.)

ROEHN (ALPHONSE-JEAN), *né à Paris*.

130. Le braconnier.

H. 0, 51. — L. 0, 62. — Fig. de 0, 22.

(Salon de 1850.)

ROQUEPLAN (CAMILLE), *né à Mallemort (Bouches-du-Rhône), chevalier de la Légion-d'Honneur en* 1832.

131. Marine; vue prise sur les côtes de Normandie.

H. 1, 04. — L. 1, 58.

(Salon de 1831.)

ROSA-BONHEUR (Mlle), *née à Bordeaux*.

132. Labourage nivernais; le sombrage.

H. 1, 30. — L. 2, 90. — Fig. de 0, 27.

(Salon de 1849.)

ROUSSEAU (PHILIPPE), *né à Paris*.

133. Un importun.

H. 1, 00. — L. 1, 32.

Un chien griffon interrompt le repas d'une chatte et de ses petits.

(Salon de 1850.)

ROUSSEAU (THÉODORE), *né à Paris*.

134. Lisière d'une forêt, soleil couchant.

H 0, 29. — L. 0, 59.

(Salon de 1849.)

SAGLIO (camille).

135. Vue du pont du Gard.

H. 1, 54. — L. 0, 90.

(Salon de 1846.)

SAINT-ÈVRE (gillot), *né à Boult-sur-Suippe (Marne), chevalier de la Légion-d'Honneur en* 1833.

136. Job et ses amis.

H. 0, 92. — L. 1, 16. — Fig. demi-nat.

Il se défend avec calme et douceur des reproches amers de ses amis qui l'accusent d'avoir offensé le Seigneur, et mérité ainsi les calamités qui l'accablent.

(Salon de 1824.)

137. Jeanne d'Arc.

H. 1, 37. — L. 1, 67. — Fig. de 0, 48.

Admise en présence de Charles VII au milieu d'une cour nombreuse, elle répond aux prélats qui l'interrogent en annonçant sa mission et les visions qui la lui ont révélée.

(Salon de 1833.)

SAINT-JEAN, *né à Lyon, chevalier de la Légion-d'Honneur en* 1843.

138. Notre-Dame-des-Roses; tableau de fleurs.

H. 1, 22. — L. 0, 87.

(Peint en 1850.)

SCHEFFER aîné (ary), *né à Dordrecht, chevalier de la Légion-d'Honneur en* 1828, *officier en* 1835.

139. Les femmes souliotes.

H. 2, 48. — L. 3, 54. — Fig. gr. nat.

Voyant leurs maris défaits par les troupes d'Ali, pacha de Janina, elles prennent la résolution de se précipiter du haut des rochers.

(Salon de 1827.)

140. Eberhard, comte de Wirtemberg, dit *le Larmoyeur*.

H. 1, 51. — L. 1, 62. — Fig. gr. nat. à mi-corps.

« Et tandis que nous, dans notre camp, célébrons notre victoire, que fait notre vieux comte? Seul dans sa tente, devant le corps mort de son fils, il pleure.» (Ballade de SCHILLER.)

(Salon de **1834.**)

SCHEFFER (HENRI), *né à La Haye, chevalier de la Légion d'Honneur en* 1837.

141. Charlotte Corday.

H. 1, 28. — L. 1, 62. — Fig. demi-nat.

Elle est arrêtée et protégée par des membres de section au moment où elle vient d'assassiner Marat.

(Salon de **1831.**)

SCHNETZ (JEAN-VICTOR), *né à Versailles, chevalier de la Légion-d'Honneur en* 1825, *membre de l'Institut en* 1837, *directeur de l'Académie de France à Rome en* 1840, *officier de la Légion-d'Honneur en* 1843.

142. Une scène d'inondation.

H. 2, 92. — L. 2, 44. — Fig. gr. nat.

Une famille de contadini (paysans des environs de Rome), surprise par un prompt débordement du Tibre, se sauve au travers des eaux. La jeune femme, chargée de ses deux enfants, incertaine dans sa marche, est guidée par son mari, qui emporte sa vieille mère malade.

(Salon de **1831.**)

143. Les adieux du consul Boëtius à sa famille.

H. 3, 05. — L. 2, 60. — Fig. gr. nat.

Le consul Boëtius, enfermé dans la tour de Pavie par ordre de Théodoric, reçoit les adieux de sa fille et de son petit-fils avant d'aller au supplice.

Ce tableau avait été commandé pour les salles du Conseil d'Etat au Louvre.

(Salon de **1827.**)

144. Colbert présenté à Louis XIV.

H. 3, 05. — L. 2, 60 — Fig. gr. nat.

Le cardinal de Mazarin, à son lit de mort, présente Colbert à Louis XIV, en lui disant : « Sire, je dois tout à Votre Majesté, mais je crois m'acquitter envers elle en lui donnant M. Colbert. »

Ce tableau avait été commandé pour les salles du Conseil d'Etat au Louvre.

(Salon de 1827.)

SEBRON (HIPPOLYTE), *né à Caudebec.*

145. Vue du château de Neuilly.

H. 0, 92. — L. 1, 32.

(Salon de 1845.)

SIGNOL (ÉMILE), *né à Paris, grand prix de Rome en* 1830, *chevalier de la Légion-d'Honneur en* 1841.

146. La femme adultère.

H. 1, 37. — L. 1, 11. — Fig. demi-nat.

Jésus répond aux Scribes et aux Pharisiens : « Que celui d'entre vous qui est sans péché lui jette la première pierre.» (*Evangile* selon saint Jean, chap. VII.)

(Salon de 1840.)

SMITH (CONSTANT-LOUIS-FÉLIX), *né à Paris.*

147. Andromaque au tombeau d'Hector.

H: 2, 92. — L. 2, 12. — Fig. plus gr. que nat.

Le moment représenté est celui où la veuve d'Hector, entendant les pas des Grecs qui viennent de pénétrer dans le monument, serre son fils contre son sein, n'espérant plus le dérober à la vengeance de ses ennemis.

(Salon de 1824.)

TANNEUR (PHILIPPE), *né à Marseille, chevalier de la Légion-d'Honneur en* 1834.

148. Marine; clair de lune; intérieur d'une rade.

H. 1, 48. — L. 1, 80.

(Salon de 1834.)

TASSAERT (nicolas-jean-octave), *né à Paris.*

149. Une famille malheureuse.

H. 1, 15. — L. 0, 80. — Fig. demi-nat.

La neige couvrait les toits; un vent glacial fouettait la vitre de cette étroite et froide demeure ; une vieille femme réchauffait à un brasier ses mains pâles et tremblantes. La jeune fille lui dit : « O ma mère, vous n'avez pas toujours été dans ce dénûment !..... » Et la vieille dame regardait l'image de la Vierge, et la jeune fille sanglotait. A quelque temps de là on vit deux femmes, lumineuses comme des âmes, qui s'élançaient vers le ciel.

(Salon de 1850.)

TRÉZEL (pierre-félix), *né à Paris, chevalier de la Légion-d'Honneur en* 1839.

150. Fin tragique de la mère et de la sœur de Gustave Vasa.

H. 4, 22. — L. 3, 25. — Fig. gr. nat.

Christiern II, roi de Danemark, surnommé le Néron du Nord, gouvernait la Suède en pays conquis, et retenait prisonnier Gustave Vasa et sa famille. Celui-ci, résolu de délivrer son pays, s'échappa de sa prison, et alla dans les montagnes de la Dalécarlie soulever le peuple contre l'oppression de Christiern. Il parvint en peu de temps à reprendre une partie du royaume, et Christiern se vengea des succès de Gustave en faisant garrotter et précipiter dans les flots la mère et la sœur de ce héros.

(Salon de 1822.)

VAUCHELET (théophile), *né à Paris, grand prix de Rome en* 1829.

151. La charité chrétienne.

H. 3, 24. — L. 2, 10. — Fig. gr. nat.

« Elle nourrit, elle réchauffe, elle console. »

(Salon de 1846.)

VERNET (HORACE), *né à Paris, chevalier de la Légion-d'Honneur en* 1814, *officier en* 1825, *membre de l'Institut en* 1826, *directeur de l'Académie de France à Rome en* 1828, *commandeur de la Légion-d'Honneur en* 1842.

152. Massacre des Mamelucks dans le château du Caire, ordonné par Mohamed-Ali-Pacha, vice-roi d'Egypte.
    H. 3, 82. — L. 5, 15. — Fig. gr. nat.

Mohamed-Ali voulant détruire le corps redoutable des Mamelucks, prend, pour mettre son projet à exécution, le jour d'une cérémonie qui devait précéder le départ d'un de ses fils pour la Mecque. Les Mamelucks reçoivent l'ordre de se rendre dans le château du Caire pour suivre le cortége; ils y arrivent montés sur leurs plus beaux chevaux et magnifiquement vêtus.

Ce tableau représente le moment où, entrés dans l'intérieur du château, les portes se referment sur eux. A l'instant, des Albanais dévoués, cachés derrière les créneaux, sur les remparts, sur les tours, font, à un signal donné, un feu des plus terribles sur ces malheureux, qui sont impitoyablement massacrés. Le pacha, placé au sommet d'une terrasse, sans pouvoir être aperçu, et ayant derrière lui trois de ses officiers, ses confidents intimes, est témoin de cette affreuse catastrophe. C'est ainsi que fut détruite presque entièrement l'audacieuse milice des Mamelucks.

(Salon de 1819.)

153. Judith et Holopherne.
    H. 2, 98. — L. 1, 96. — Fig. gr. nat.

(Salon de 1831.)

154. Raphaël au Vatican.
    H. 3, 92 — L. 3, 00. — Fig. gr. nat.

Michel-Ange rencontrant Raphaël dans le Vatican avec ses élèves, lui dit : « Vous marchez entouré d'une suite nombreuse ainsi qu'un général. » — « Et vous, répondit Raphaël au peintre du Jugement dernier, vous allez seul comme le bourreau. » (*Vie de Raphaël*, par M. QUATREMÈRE DE QUINCY.)

(Salon de 1833.)

155. La barrière de Clichy, ou défense de Paris en 1814.
    H. 0, 97. — L. 1, 20. — Fig. de 0, 38.

Le maréchal Moncey donne au chef de bataillon Odiot l'ordre d'empêcher les Russes de s'emparer de la butte Montmartre.

Parmi les acteurs de cette scène on remarque le maréchal Moncey ; M. Odiot, colonel ; M. de Marguery-Dupaty, l'homme de lettres ; Charlet, et Horace Vernet, l'auteur du tableau.

>Donné à la Chambre des pairs par M. Odiot père, ancien orfèvre, colonel de la légion.

(Peint en **1820**.)

WATELET (LOUIS-ÉTIENNE), *né à Paris, chevalier de la Légion-d'Honneur en* **1825**.

156. Paysage d'après des études faites en Savoie.

>H. 1, 44. — L. 1, 94.

(Salon de **1833**.)

157. La fuite en Égypte.

>H. 1, 12. — L. 1, 62.

Vue des montagnes qui séparent le lac Asphaltique de la grande mer de Tarse.

(Salon de **1842**.)

ZIÉGLER (CLAUDE-JULES), *né à Langres* (*Haute-Marne*), *chevalier de la Légion-d'Honneur en* **1838**.

158. Vision de saint Luc.

>H. 2, 95. — L. 2, 10. — Fig. gr. nat.

(Salon de **1839**.)

159. Le Giotto dans l'atelier de Cimabue.

>H. 2, 05. — L. 1, 30. — Fig. gr. nat.

Cimabue, peintre florentin, rencontra dans une de ses promenades le jeune Giotto s'amusant à dessiner une chèvre du troupeau qu'il gardait, et l'engagea à venir à Florence étudier la peinture. Giotto arriva un jour dans l'atelier de Cimabue, et à la vue de ses admirables ouvrages il lui vint, pour la première fois, une idée sérieuse de la peinture. Giotto fut depuis un des peintres les plus célèbres de l'Italie.

(Salon de **1833**.)

CARTONS, DESSINS ET PASTELS.

COUDER. (Voir page 8.)

160. Notre-Dame-des-Sept-Douleurs.

> H. 1, 32. — L. 1, 07.
>
> Dessin fait pour l'exécution des peintures qui décorent la chapelle du Saint-Sépulcre dans l'église Saint-Germain-l'Auxerrois.

HERBELIN (Mme JEANNE-MATHILDE), *née à Brunoy (Seine-et-Oise).*

160 *bis*. Portrait de Mme Andryane.

> H. 0, 129. — L. 0, 106.
>
> Miniature sur ivoire donnée par l'auteur.
>
> (Salon de 1849.)

INGRES. (Voir page 23.)

161. Cartons d'après lesquels ont été exécutés les vitraux qui décorent les chapelles de Dreux et de Saint-Ferdinand, à Sablonville, dédiées à Notre-Dame-de-la-Compassion.

Chapelle de Dreux.

Saint Denis. — Saint Remy. — Saint Germain. — Sainte Clotilde. — Sainte Geneviève. — Sainte Radegonde. — Sainte Isabelle de France. — Sainte Bathilde.

Chapelle de Saint-Ferdinand.

Saint Philippe. — Saint Rupert. — Saint Charles-Borromée. — Saint François d'Assise. — Saint Ferdinand, roi. — Saint Raphaël, archange. — Saint Henri, empereur. — Saint Clément d'Alexandrie. — Saint Louis, roi. — Saint Antoine de Padoue. — Sainte Adélaïde. — Sainte Hélène, impératrice. — Sainte Rosalie. — Sainte Amélie, reine.

La Foi. — L'Espérance. — La Charité.

ISABEY père (JEAN-BAPTISTE), *né à Nancy, chevalier de la Légion-d'Honneur en* 1815, *officier en* 1825.

162. Vue de l'escalier du Musée du Louvre.

    H. 0, 85. — L. 0, 66. — Fig. de 0, 37. — Aquarelle.

                                    (Salon de **1817**.)

REDOUTÉ (PIERRE-JOSEPH), *né à Saint-Hubert-en-Ardennes (grand-duché de Luxembourg), le* 10 *juillet* 1759, *chevalier de la Légion-d'Honneur en* 1825, *mort à Paris le* 19 *juin* 1840.

163. Oreilles-d'ours et camélias.

    H. 0, 60. — L. 0, 46. — Aquarelle.

                                    (Salon de **1836**.)

164. Roses trémières, raisins et lory cramoisi.

    H. 0, 73. — L. 0, 58. — Aquarelle.

                                    (Salon de **1837**.)

SCHNETZ. (Voir page 36.)

165. Saint Philibert rachetant les captifs.

    H. 0, 96. — L. 0, 70.

    Dessin pour l'exécution d'un des tableaux qui décorent l'église Notre-Dame-de-Lorette.

VIDAL (VINCENT), *né à Carcassonne.*

166. L'ange déchu.

    H. 0, 79. — L. 0, 62. — Dessin.

    Mes ailes demeuraient sans vigueur, immobiles comme elles l'ont été depuis cette heure funeste, comme elles le seront à jamais; ainsi l'ordonne un Dieu offensé.

                                    (Salon de **1849**.)

167. Une larme de repentir.

    H. 0, 79. — L. 0, 62. — Dessin.

    O pécheur! n'en est-il pas ainsi des pleurs du repentir? Quelque saignantes que soient les plaies qui le rongent au dedans, une larme venue du ciel les a toutes guéries.

                                    (Salon de **1849**.)

168. Polymnie.

    H. 0, 75. — L. 0, 54. — Dessin.

                                    (Salon de **1849**.)

SCULPTURE.

BONNASSIEUX (JEAN-MARIE), *né à Pannissières (Loire), grand prix de Rome en 1836.*

169. Un amour se coupant les ailes.
    Figure en marbre. — Gr. nat.
                               (Salon de 1842.)

DANTAN aîné (ANTOINE-LAURENT), *né à Saint-Cloud, grand prix de Rome en 1828, chevalier de la Légion-d'Honneur en 1843.*

170. Un jeune chasseur jouant avec son chien.
    Figure en marbre. — Gr. nat.
                               (Salon de 1835.)

DESBOEUFS (ANTOINE), *né à Paris, grand prix de Rome en 1814, chevalier de la Légion-d'Honneur en 1851.*

171. Psyché abandonnée par l'Amour.
    Figure en marbre. — Gr. nat.
                               (Salon de 1845.)

DESPREZ (LOUIS), *né à Paris, grand prix de Rome en 1826, chevalier de la Légion-d'Honneur en 1851.*

172. L'ingénuité.
    Figure en marbre. — Gr. nat.
                               (Salon de 1843.)

DUMONT (AUGUSTIN-ALEXANDRE), *né à Paris, grand prix de Rome en 1823, chevalier de la Légion-d'Honneur en 1836, membre de l'Institut en 1838.*

173. L'Amour tourmentant l'Ame sous l'emblème d'un papillon qu'il présente au-dessus d'une torche enflammée.
    Figure en marbre. — Gr. nat.
                               (Salon de 1827.)

SCULPTURE.

174. Étude de jeune femme.

Figure en marbre. — Gr. nat.

(Salon de 1844.)

DUPATY (LOUIS-MARIE-CHARLES-HENRI MERCIER), *né à Bordeaux le 29 septembre 1771, grand prix de Rome en 1799, membre de l'Institut en 1816 par ordonnance du roi, officier de la Légion-d'Honneur en 1825, mort à Paris le 12 novembre 1825.*

175. Pomone, déesse des fruits.

Buste en marbre.

(Salon de 1812.)

DURET (FRANÇOIS-JOSEPH), *né à Paris, grand prix de Rome en 1823, chevalier de la Légion-d'Honneur en 1833, membre de l'Institut en 1843.*

176. Jeune pêcheur dansant la Tarentelle (souvenirs de Naples).

Statue en bronze fondue d'un seul jet par M. Honoré, fondeur. — Gr. nat.

(Salon de 1833.)

FRÉMIET (EMMANUEL), *né à Paris.*

177. Le chien blessé.

Bronze. — Gr. nat.

(Salon de 1850.)

GATTEAUX (JACQUES-ÉDOUARD), *grand prix de Rome en 1809, membre de l'Institut en 1845, chevalier de la Légion-d'Honneur.*

178. Minerve après le jugement de Pâris.

Figure en bronze. — Gr. nat.

(Salon de 1839.)

GRUYÈRE (THÉODORE-CHARLES), *né à Paris, grand prix de Rome en* **1839.**

179. Mutius Scœvola.
> Figure en marbre. — Gr. nat.
> (Salon de **1846.**)

HOUDON (JEAN-ANTOINE), *né à Versailles le 20 mars* **1741,** *grand prix de Rome en* **1761,** *membre de l'ancienne Académie royale de peinture et sculpture en* **1777,** *puis de l'Institut en* **1795,** *chevalier de la Légion-d'Honneur, mort à Paris le* 15 *juillet* **1828.**

180. Une vestale.
> Buste en marbre. — Gr. nat.

HUSSON (ARISTIDE), *né à Paris, grand prix de Rome en* **1830.**

181. L'ange gardien offrant à Dieu un pêcheur repentant.
> Groupe en marbre. — Gr. nat.
> (Salon de **1837.**)

JACQUOT (GEORGES), *né à Nancy, grand prix de Rome en* **1820.**

182. Une jeune nymphe descendant dans l'eau.
> Figure en marbre. — Gr. nat.
> (Salon de **1824.**)

JALEY (JEAN-LOUIS-NICOLAS), *né à Paris, grand prix de Rome en* **1827,** *chevalier de la Légion-d'Honneur en* **1837.**

183. La Prière.
> Figure en marbre. — Gr. nat.
> (Salon de **1833.**)

184. La Pudeur.
> Figure en marbre. — Gr. nat.
> (Salon de **1834.**)

JOUFFROY (françois), *né à Dijon, grand prix de Rome en* 1832, *chevalier de la Légion-d'Honneur en* 1843.

185. Jeune fille confiant son premier secret à Vénus.
   Figure en marbre. — Gr. nat.
   (Salon de 1839.)

LEMAIRE (philippe-henri), *né à Valenciennes, grand prix de Rome en* 1821, *chevalier de la Légion-d'Honneur en* 1834, *officier en* 1843, *membre de l'Institut en* 1845.

186. Jeune fille effrayée par un serpent.
   Figure en marbre. — Gr. nat.
   (Salon de 1831.)

187. Tête de Vierge.
   Marbre. — Gr. nat.
   (Salon de 1846.)

MOITTE (jean-guillaume), *né à Paris le* 10 *novembre* 1746, *grand prix de Rome en* 1768, *membre de l'Institut en* 1795, *chevalier de la Légion-d'Honneur en* 1808, *mort le* 2 *mai* 1810.

188. La France entourée des vertus et appelant ses enfants à sa défense.
   Fig. demi-nat.

   Les vieilles bandes, précédées par la Victoire qui leur montre des palmes, prix destiné à la valeur, prêtent le serment de défendre la France, leur patrie. Le Génie de la gloire, déployant l'oriflamme, dirige le courage des jeunes recrues qui marchent sur les traces des vieux guerriers, leurs modèles. Les mères avec leurs filles, à genoux auprès de l'autel de la patrie, semblent la supplier de préserver leurs époux et leurs fils des dangers qu'ils vont affronter.

   Ce bas-relief, en plâtre, avait été ordonné en 1798 pour décorer le vestibule du palais du Luxembourg du côté du jardin.

PETITOT (louis), *né à Paris, grand prix de Rome en* 1814, *chevalier de la Légion-d'Honneur en* 1828, *membre de l'Institut en* 1835.

189. Jeune chasseur blessé par un serpent.
   Figure en marbre. — Gr. nat.
   (Salon de 1827.)

PRADIER (james), *né à Genève en* 1794, *grand prix de Rome en* 1813, *membre de l'Institut en* 1827, *chevalier de la Légion-d'Honneur en* 1828, *officier en* 1834, *mort en* 1852.

190. Un fils de Niobé.

> Figure en marbre. — Gr. nat.
>
> Le moment représenté est celui où ce jeune prince, s'exerçant à la gymnastique, est percé d'une flèche par Apollon.
>
> (Salon de 1822.)

191. Psyché.

> Figure en marbre. — Gr. nat.
>
> (Salon de 1824.)

192. La toilette d'Atalante.

> Figure en marbre. — Gr. nat.
>
> (Salon de 1850.)

RUDE (françois), *né à Dijon, grand prix de Rome en* 1812, *chevalier de la Légion-d'Honneur en* 1833.

193. Jeune pêcheur napolitain jouant avec une tortue.

> Figure en marbre. — Gr. nat.
>
> (Salon de 1833.)

194. Mercure, après avoir tranché la tête à Argus, remet ses talonnières pour remonter dans l'Olympe.

> Figure en bronze. — Gr. nat.
>
> (Salon de 1834.)

SCULPTURE.

SCULPTURES D'APRÈS L'ANTIQUE

QUI SE TROUVENT PLACÉES
DANS DIFFÉRENTES PARTIES DU MUSÉE.

ESCALIER.

195. Platon.
Buste en bronze.

196. Socrate.
Buste en bronze.

197. Euripide.
Buste en bronze.

198. Démocrite.
Buste en bronze.

PIÈCE D'ENTRÉE.

199. Jeune homme.
Buste en marbre.

200. Jeune homme.
Buste en marbre.

GRANDE GALERIE.

201. Une vestale.
Buste en marbre.

202. Faustine la jeune.
Buste en marbre.

PETITE GALERIE.

203. Sénèque.
Buste en marbre.

204. Homère.
Buste en marbre.

SCULPTURE.

A DROITE ET A GAUCHE DES PORTES EN DEHORS DE LA ROTONDE.

205. Adrien, empereur romain.
Buste en bronze.

206. Antonin, empereur romain.
Buste en bronze.

207. Antonin, empereur romain.
Buste en bronze.

GRAVURE.

BEIN (JEAN), *né à Goxweiller (Bas-Rhin).*

208. La Vierge et l'Enfant-Jésus, dite Vierge Niccolini.
>D'après Raphaël. — Le tableau est dans la galerie de lord Cowper, à Londres.

(Salon de **1846**.)

209. Sainte Apolline.
>D'après Raphaël.

(Salon de **1843**.)

BLANCHARD (AUGUSTE), *né à Paris.*

210. Le repos de la Sainte-Famille en Égypte.
>D'après Bouchot.

(Salon de **1847**.)

211. Le Christ rémunérateur.
>D'après Ary Scheffer.

(Salon de **1850**.)

BLERY (EUGÈNE), *né à Fontainebleau, chevalier de la Légion-d'Honneur en* **1846.**

212. Vue prise aux mares de Belle-Croix, dans la forêt de Fontainebleau.
>Eau forte; d'après nature.

(Salon de **1847**.)

213. *Patience d'eau.*
>Eau forte.

(Salon de **1843**.)

BRIDOUX (FRANÇOIS-EUGÈNE-AUGUSTIN), *né à Abbeville grand prix de Rome en* **1834.**

214. La Vierge au candélabre.
>D'après Raphaël.

(Salon de **1841**.)

GRAVURE.

215. Portrait de Laure.
    D'après Simon Memmi.
        (Salon de 1844.)

216. La Conception.
    D'après Murillo.
        (Salon de 1845.)

BUTAVAND (LUCIEN), *né à Vienne (Isère).*

217. La Vierge au coussin vert.
    D'après Andrea Solari.
        (Salon de 1850.)

218. Étude de Vierge.
    Fac-simile d'un dessin de Raphaël appartenant à la Collection du Louvre.
    (Calcographie du Louvre.)
        (Salon de 1849.)

219. Fac-simile d'un dessin de Raphaël, appartenant à la Collection du Louvre, pour une des cariatides peintes en grisaille dans les stances du Vatican.
    (Calcographie du Louvre.)
        (Salon de 1850.)

220. Psyché.
    Fac-simile d'un dessin de Raphaël appartenant à la Collection du Louvre.
    (Calcographie du Louvre.)

CARON (ADOLPHE).

221. Faust apercevant Marguerite au sortir de l'église.
    D'après Ary Scheffer.
        (Salon de 1846.)

222. La leçon de harpe.
    D'après Cosway.
        (Salon de 1850.)

CHENAY.

223. La Sainte-Famille.
    Fac-simile d'un dessin du Pérugin appartenant à la Collection du Louvre.
    (Calcographie du Louvre.)
        (Salon de 1850.)

224. Fac-simile d'un dessin de Léonard de Vinci appartenant à la Collection du Louvre.

DESNOYERS (le baron AUGUSTE BOUCHER), *né à Paris, membre de l'Institut en* 1816 *par ordonnance du roi, chevalier de la Légion-d'Honneur en* 1820, *officier en* 1835.

225. La Vierge dite la Belle-Jardinière.
> D'après Raphaël.
> (Calcographie du Louvre.)
>
> (Salon de 1804.)

226. La Vierge de Dresde, dite de Saint-Sixte.
> D'après Raphaël. — Ce tableau, peint par Raphaël pour le monastère de Saint-Sixte, fait partie de la galerie de Dresde.
>
> (Salon de 1846.)

227. La Belle-Jardinière de Florence.
> D'après Raphaël.
>
> (Salon de 1841.)

DIEN (CLAUDE-MARIE-FRANÇOIS), *né à Paris, grand prix de Rome en* 1809.

228. Les sibylles.
> D'après les fresques de Raphaël dans l'église de *Santa-Maria-della-Pace* à Rome.
>
> (Salon de 1838.)

229. La Sainte-Famille.
> D'après le tableau de Raphaël du Musée du Louvre. — Cette gravure avait été préparée à l'eau forte par M. J.-T. Richomme, membre de l'Institut, d'après son dessin.
>
> (Salon de 1848.)

FORSTER (FRANÇOIS), *né à Locle, principauté de Neufchâtel (Suisse), grand prix de Rome en* 1814, *chevalier de la Légion-d'Honneur en* 1828, *membre de l'Institut en* 1844.

230. Énée racontant à Didon les malheurs de la ville de Troie.
> D'après Pierre Guérin.
>
> (Salon de 1827.)

231. La Vierge au bas-relief.
>D'après Léonard de Vinci.
>(Salon de 1836.)

232. Les trois Grâces.
>D'après Raphaël.

FRANÇOIS (ALPHONSE), *né à Paris.*

233. Pic de la Mirandole enfant.
>D'après Paul Delaroche.
>(Salon de 1850.)

FRANÇOIS (JULES), *né à Paris.*

234. Napoléon à Fontainebleau.
>D'après Paul Delaroche.
>(Salon de 1850.)

235. Pèlerins sur la place Saint-Pierre à Rome.
>D'après Paul Delaroche.
>(Salon de 1847.)

GELÉE (ANTOINE), *né à Paris, grand prix de Rome en 1824.*

236. La Justice divine poursuivant le Crime.
>D'après Prud'hon.
>(Salon de 1842.)

237. Daphnis et Chloé.
>D'après Hersent.
>(Salon de 1824.)

GIRARD (FRANÇOIS-MARIE), *né à Paris.*

238. Rébecca et le templier.
>D'après Léon Cogniet.
>(Salon de 1835.)

HENRIQUEL-DUPONT (LOUIS-PIERRE), *né à Paris, chevalier de la Légion-d'Honneur en* 1831, *membre de l'Institut en* 1849.

239. Le Christ consolateur.
>D'après Ary Scheffer.
>(Salon de 1842.)

240. Lord Strafford.
>D'après Paul Delaroche.
>(Salon de 1840.)

241. Portrait de Bertin de Vaux.
>D'après Ingres.
>(Salon de 1845.)

HUET. (Voir page 22.)

242. Paysage; intérieur de forêt.
>Eau forte.

243. Sources de Royat, près Clermont (Puy-de-Dôme).
>Eau forte.
>(Salon de 1838.)

LAUGIER (JEAN-NICOLAS), *né à Toulon, chevalier de la Légion-d'Honneur.*

244. Les Pestiférés de Jaffa.
>D'après Gros.
>(Salon de 1831.)

LECOMTE (NARCISSE), *né à Paris.*

245. La Sainte-Famille, dite *la Perle de Raphaël.*
>D'après Raphaël.
>(Salon de 1846.)

246. La Vierge et l'Enfant-Jésus.
>D'après Raphaël.

LEFÈVRE (achille-désiré), *né à Paris, chevalier de la Légion-d'Honneur en* **1851.**

247. La Vierge de Dresde, dite de Saint-Sébastien.
> D'après le tableau du Corrège qui fait partie de la galerie de Dresde.
> (Salon de **1847.**)

LEROUX (jean-marie), *né à Paris, chevalier de la Légion-d'Honneur.*

248. La Vierge à l'étoile.
> D'après Pinturicchio.
> (Salon de **1841.**)

249. Portrait de Léonard de Vinci.
> D'après Léonard de Vinci.

LEROY (alphonse).

250. La Vierge à l'écuelle.
> Fac-simile d'un dessin du Corrège appartenant à la Collection du Louvre.
> (Calcographie du Louvre.)
> (Salon de **1850.**)

251. La Vierge et l'Enfant-Jésus.
> Fac-simile d'un dessin de Raphaël appartenant à la Collection du Louvre.

LEROY (louis), *né à Paris.*

252. Intérieur de forêt.
> Eau forte.
> (Salon de **1847.**)

253. Paysage avec chute d'eau.
> Eau forte.

LORICHON (constant-louis-antoine), *né à Paris, grand prix de Rome en* **1820.**

254. Sainte-Famille (la bénédiction).
> D'après Raphaël.
> (Salon de **1844.**)

LOUIS (ARISTIDE).

255. Portrait de l'empereur Napoléon.
D'après Paul Delaroche.
(Salon de 1842.)

MARTINET (ACHILLE-LOUIS), *né à Paris, grand prix de Rome en* 1830, *chevalier de la Légion-d'Honneur en* 1846.

256. Charles Ier, roi d'Angleterre, insulté par les soldats de Cromwell.
D'après Paul Delaroche.
(Salon de 1843.)

257. Les derniers moments du comte d'Egmont.
D'après Gallait.
(Salon de 1852.)

MASQUELIER (CLAUDE-LOUIS), *né à Paris en* 1781, *grand prix de Rome en* 1804, *mort à Paris en* 1852.

258. Un cadre renfermant 10 gravures, représentant :
   La Vierge dite *la Madona del palazzo Colonna*, d'après Raphaël ;
   L'Élévation en croix, d'après Rubens ;
   Un portrait de vieillard, d'après Rembrandt, dans la galerie de Florence ;
   Le portrait de Lanfranc, d'après Lanfranc, dans la galerie de Florence ;
   Deux pierres gravées antiques, dans la galerie de Florence ;
   Et quatre portraits.

POLLET (VICTOR-FLORENCE), *né à Paris, grand prix de Rome en* 1838.

259. *Il jocatore di violino.*
D'après Raphaël.
(Salon de 1849.)

POTRELLE (JEAN-LOUIS), *né à Paris.*

260. Portrait de Jules Romain.
D'après J. Romain.
(Salon de 1806.)

PRÉVOST (zachée), *né à Paris.*

261. Corinne au cap Misène.
> D'après Gérard.
>> (Salon de 1827.)

262. Saint Vincent de Paule prêchant devant la cour de Louis XIII pour les enfants abandonnés.
> D'après Paul Delaroche.
>> (Salon de 1834.)

263. La famille affligée.
> D'après Léopold Robert.
> (Gravure à la manière noire.)

RANSONETTE (charles-nicolas).

264. Enfance de Sixte-Quint; paysage.
> D'après André Giroux.
>> (Salon de 1843.)

265. Jésus et la Samaritaine; paysage.
> D'après Aligny.
>> (Salon de 1844.)

ROSOTTE (édouard), *né à Paris.*

266. Petits enfants.
> Fac-simile d'un dessin de Raphaël appartenant à la Collection du Louvre.
> (Calcographie du Louvre.)
>> (Salon de 1850.)

SAINT-EVE (jean-marie), *né à Lyon, grand prix de Rome en 1840.*

267. Portrait d'homme.
> D'après Ary Scheffer.

268. Portrait d'Andrea del Sarto.
> D'après Andrea del Sarto.
>> (Salon de 1847.)

LITHOGRAPHIE.

AUBRY-LECOMTE (HYACINTHE-LOUIS-VICTOR-JEAN-BAPTISTE), *né à Nice (Alpes maritimes), chevalier de la Légion-d'Honneur en* 1849.

269. L'Amour et Psyché.
      D'après Gérard.
(Salon de 1831.)

270. L'enlèvement de Psyché.
      D'après Prud'hon.
(Salon de 1824.)

LASSALLE (ÉMILE), *né à Bordeaux.*

271. Cléopâtre.
      D'après Gigoux.
(Salon de 1852.)

272. Tête de femme.

LEROUX (EUGÈNE), *né à Caen.*

273. Les Cimbres.
      D'après Decamps.

274. Paysage.
      D'après Bodmer.

MOUILLERON (ADOLPHE), *né à Paris.*

275. Une école juive.
      D'après Robert-Fleury.
(Salon de 1850.)

276. Un coin de jardin.
      D'après Bodmer.
(Salon de 1852.)

NOËL (LÉON), *né à Paris.*

277. Portrait de Mme la duchesse de Kent.
      D'après Winterhalter.
(Salon de 1847.)

278. Portrait de la princesse Wittgenstein.
D'après Winterhalter.
(Salon de 1850.)

RAFFET (DENIS-AUGUSTE-MARIE), *né à Paris, chevalier de la Légion-d'Honneur en* 1849.

279. L'empereur aux Champs-Élysées.

« C'est là la grande revue
« Qu'aux Champs-Elysées,
« À l'heure de minuit,
« Tient César décédé. »
(SODLITZ, poëte allemand.)
Composition de l'auteur.

280. Sortie d'une mosquée.
Composition de l'auteur.

SOULANGE TEISSIER (LOUIS-EMMANUEL), *né à Amiens*.

281. Le labourage nivernais; le sombrage.
D'après Mlle Rosa Bonheur.
(Salon de 1852.)

282. Chevaux de trait.
D'après Decamps.
(Salon de 1850.)

283. Singe peignant.
D'après Decamps.
(Salon de 1850.)

SUDRE (JEAN-PIERRE), *né à Alby (Tarn)*.

284. Le pape tenant chapelle papale dans la chapelle Sixtine.
D'après M. Ingres.
(Salon de 1834.)

285. Une odalisque.
D'après M. Ingres.
(Salon de 1828.)

TABLE ALPHABÉTIQUE

DES ARTISTES.

TABLE ALPHABÉTIQUE

DES ARTISTES

DONT LES OUVRAGES SONT EXPOSÉS

AU MUSÉE IMPÉRIAL DU LUXEMBOURG.

	Pages.
M. ABEL DE PUJOL, peintre.	1
M. ACHARD (Jean), idem.	1
M. ALAUX (Jean), idem.	2
M. ALIGNY (Charles-François-Théodore), idem.	2
M. ANDRÉ (Jules), idem.	2
M. ANTIGNA (Alexandre), idem.	2
M. AUBRY-LECOMTE (Hyacinthe-Louis-Victor-Jean-Baptiste), lithographe.	58
M. BARRIAS (Félix), peintre.	3
M. BEAUME (Joseph), idem.	3
M. BEIN (Jean), graveur.	50
M. BELLANGÉ (Hippolyte), peintre.	4
M. BERTIN (Édouard), idem.	5
M. BIARD (François), idem.	5
M. BLANCHARD (Auguste), graveur.	50
M. BLERY (Eugène), idem.	50
M. BLONDEL (Marie-Joseph), peintre.	5
M. BODINIER, idem.	6
M. BODMER (Karl), idem.	6
M. BONNASSIEUX (Jean-Marie), sculpteur.	43
BOULANGER (Clément), peintre, né en 1806, mort en 1842.	6
M. BOUTON (Charles-Marie), idem.	6
M. BRASCASSAT (Jacques-Raymond), idem.	7
M. BRIDOUX (François-Eugène-Augustin), graveur.	50
M. BRUNE (Adolphe), peintre.	7
BRUYÈRE (Mme), née Élise LEBARBIER, idem, née en .... morte en 1842.	7
M. BUTAVAND (Lucien), graveur.	51

	Pages.
M. Cabat (Louis), peintre	7
M. Caminade (Alexandre-François), idem	7
M. Caron (Adolphe), graveur	51
M. Champmartin (Charles-Émile), peintre	7
M. Chenay, graveur	51
M. Cogniet (Léon), peintre	8
M. Colin (Alexandre), idem	8
M. Couder (Louis-Charles-Auguste), idem	8, 41
M. Court (Joseph-Désiré), idem	9
M. Couture (Thomas), idem	10
M. Dagnan (Isidore), idem	10
M. Dantan aîné (Antoine-Laurent), sculpteur	43
M. Dassy, peintre	10
M. Dauzats (Adrien), idem	10
M. Debay (Auguste-Hyacinthe), idem	11
M. Dehodencq (Alfred), idem	11
M. Delacroix (Eugène), idem	11
M. Delaroche (Paul), idem	12
M. Delorme (Pierre-Claude-François), idem	13
M. Desboeufs (Antoine), sculpteur	43
Mme Desnos (Louise), peintre	14
M. le baron Desnoyers (Auguste Boucher), graveur	52
M. Desprez (Louis), sculpteur	43
M. Devéria (Eugène), peintre	14
M. Dien (Claude-Marie-François), graveur	52
Drolling (Michel-Martin), peintre, né en 1786, mort en 1851	15
M. Dubois (François), idem	15
M. Dubufe (Claude-Marie), idem	15
M. Dubufe (Édouard), idem	15
M. Dumont (Augustin-Alexandre), sculpteur	43
Dupaty (Louis-Marie-Charles-Henri Mercier), idem, né en 1771, mort en 1825	44
M. Duret (François-Joseph), idem	44
M. Fauvelet (Jean), peintre	15
M. Fleury (Léon), idem	16
M. Forestier (Henri-Joseph), idem	6

TABLE.

	Pages.
M. Forster (François), graveur	52
Fragonard (Alexandre-Évariste), peintre, né en 1780, mort en 1850	16
M. François (Alphonse), graveur	53
M. François (Jules), idem	53
M. Franque (Pierre), peintre	2
M. Fremiet (Emmanuel), sculpteur	44
M. Galimard (Auguste), peintre	16
M. Gallait (Louis), idem	17
M. Garnerey (Hippolyte), idem	17
M. Gatteaux (Jacques-Édouard), sculpteur	44
M. Gelée (Antoine), graveur	53
M. Gigoux (Jean-François), peintre	17
M. Girard (François-Marie), graveur	53
M. Giroux (André), peintre	17
M. Glaize (Auguste-Barthélemy), idem	17
M. Gleyre (Charles), idem	18
M. Gosse (Nicolas-Louis-Xavier), idem	18
Granet (François-Marius), idem, né en 1775, mort en 1849	18
M. Gros-Claude (Louis), idem	19
M. Gruyère (Théodore-Charles), sculpteur	45
M. Gudin (Théodore), peintre	19
Gué (Julien-Michel), idem, né en 1789, mort en 1843	20
M. Guérin (Paulin), idem	20
M. Hebert (Ernest-Antoine-Auguste), idem	21
M. Heim (François-Joseph), idem	21
M. Henriquel-Dupont (Louis-Pierre), graveur	54
Mme Herbelin (Jeanne-Mathilde), peintre	41
Mme Hersent, née Mauduit, peintre	21
M. Hesse (Alexandre-Jean-Baptiste), idem	22
M. Hesse (Nicolas-Auguste), idem	22
Houdon (Jean-Antoine), sculpteur, né en 1741, mort en 1828	45
M. Huet (Paul), peintre	22, 54
M. Husson (Aristide), sculpteur	45
Husson (Mme) (veuve Chaudet), née Gabiou, peintre, née en 1767, morte en 1832	22

TABLE.

Pages.

M. INGRES (Jean-Augustin), peintre.................... 23, 41
M. ISABEY père (Jean-Baptiste), idem..................... 42
M. ISABEY (Eugène), idem................................ 23

M. JACOBBER, idem....................................... 24
M. JACQUAND (Claudius), idem............................ 24
M. JACQUOT (Georges), sculpteur......................... 45
M. JALABERT (Charles-François), peintre................. 25
M. JALEY (Jean-Louis-Nicolas), sculpteur................ 45
M. JEANRON (Philippe-Auguste), peintre.................. 25
    JOLIVARD, idem, né en 1788, mort en 1851............. 25
M. JOUFFROY (François), sculpteur....................... 46
M. JOYANT (Jules), peintre.............................. 25
M. JUSTIN-OUVRIÉ, idem.................................. 25

M. LA BOUERE (Tancrède de), idem........................ 26
M. LAMBINET (Émile), idem............................... 26
M. LANCRENON (Joseph-Ferdinand), idem................... 26
M. LANDELLE (Charles), idem............................. 26
M. LANOUE (Félix-Hippolyte), idem....................... 26
M. LAPITO (Louis-Auguste), idem......................... 27
M. LARIVIÈRE (Charles-Philippe), idem................... 27
M. LASSALLE (Émile), lithographe........................ 58
M. LAUGIER (Jean-Nicolas), graveur...................... 54
M. LEBLANC (Alexandre), peintre......................... 27
M. LECOMTE (Narcisse), graveur.......................... 54
M. LEFEVRE (Achille-Désiré), idem....................... 55
M. LEHMANN (Charles-Ernest-Rodolphe-Henri), peintre... 27
M. LELOIR (Jean-Baptiste-Auguste), idem................. 27
M. LEMAIRE (Philippe-Henri), sculpteur.................. 46
M. LEPOITTEVIN (Eugène), peintre........................ 28
M. LEROUX (Eugène), lithographe......................... 58
M. LEROUX (Jean-Marie), graveur......................... 55
M. LEROY (Alphonse), graveur............................ 55
M. LEROY (Louis), idem.................................. 55
M. LORICHON (Constant-Louis-Antoine), idem 55
M. LOUIS (Aristide), idem............................... 56

TABLE.

	Pages.
M. Martinet (Achille-Louis), graveur	56
Masquelier (Claude-Louis), idem, né en 1781, mort en 1852	56
Mauzaisse (Jean-Baptiste), peintre, né en 1784, mort en 1844	28
M. Mercey (Frédéric-Bourgeois de), idem	29
Moitte (Jean-Guillaume), sculpteur, né en 1746, mort en 1810	46
M. Monvoisin (Raymond), peintre	29
M. Mouilleron (Adolphe), lithographe	58
M. Mozin (Charles-Louis), peintre	30
M. Muller (Charles-Louis), idem	30
M. Noel (Léon), lithographe	58
M. Odier (Édouard-Alexandre), peintre	31
M. Penguilly L'Haridon (Octave), idem	32
M. Petitot (Louis), sculpteur	46
M. Philippoteaux (Félix), peintre	32
M. Pilliard (Jacques), idem	32
M. Pollet (Victor-Florence), graveur	56
M. Potrelle (Jean-Louis), idem	56
Pradier (James), sculpteur, né en 1794, mort en 1852	47
M. Prévost (Zachée), graveur	57
M. Raffet (Denis-Auguste-Marie), lithographe	59
M. Ransonette (Charles-Nicolas), graveur	57
Redouté (Pierre-Joseph), peintre, né en 1759, mort en 1840	42
M. Régnier (Auguste), idem	32
M. Rémond (Charles), idem	32
Renoux (Charles-Caïus), idem, né en 1795, mort en 1846	33
M. Rioult (Louis-Édouard), idem	33
M. Robert-Fleury (Joseph-Nicolas), idem	33
M. Roehn (Alphonse-Jean), idem	34
M. Roqueplan (Camille), idem	34
Mlle Rosa-Bonheur, idem	34
M. Rosotte (Édouard), graveur	57

TABLE.

	Pages.
M. Rousseau (Philippe), peintre............................	34
M. Rousseau (Théodore), idem...........................	34
M. Rude (François), sculpteur...........................	47
M. Saglio (Camille), peintre............................	35
M. Saint-Ève (Jean-Marie), graveur....................	57
M. Saint-Èvre (Gillot), peintre.........................	35
M. Saint-Jean, idem....................................	35
M. Scheffer aîné (Ary), idem...........................	35
M. Scheffer (Henri), idem..............................	36
M. Schnetz (Jean-Victor), idem...................... 36,	42
M. Sebron (Hippolyte), idem............................	37
M. Signol (Émile), idem................................	37
M. Smith (Constant-Louis-Félix), idem................	37
M. Soulange Teissier (Louis-Emmanuel), lithographe....	59
M. Sudre (Jean-Pierre), idem...........................	59
M. Tanneur (Philippe), peintre.........................	37
M. Tassaert (Nicolas-Jean-Octave), idem...............	38
M. Trézel (Pierre-Félix), idem.........................	38
M. Vauchelet (Théophile), idem........................	38
M. Vernet (Horace), idem..............................	39
M. Vidal (Vincent), idem..............................	42
M. Watelet (Louis-Étienne), idem......................	40
M. Ziégler (Claude-Jules), idem.......................	40

Mai. — De 9,001 à 9,500 exempl.

www.ingramcontent.com/pod-product-compliance
Lightning Source LLC
LaVergne TN
LVHW050630090426
835512LV00007B/761